TRAITÉ

DU

DROIT NATUREL.

TOME II.

TRAITÉ

DU

DROIT NATUREL,

& de l'Application de ses Principes

AU DROIT CIVIL

ET

AU DROIT DES GENS;

Ouvrage posthume de Mr. VICAT, *Docteur*
& Professeur en Droit à Lausanne.

TOME SECOND.

À LAUSANNE,

CHEZ LA SOCIÉTÉ TYPOGRAPHIQUE,

ET À YVERDON,

CHEZ LA SOCIÉTÉ LITT. ET TYPOGRAPH.

M. DCC. LXXVII.

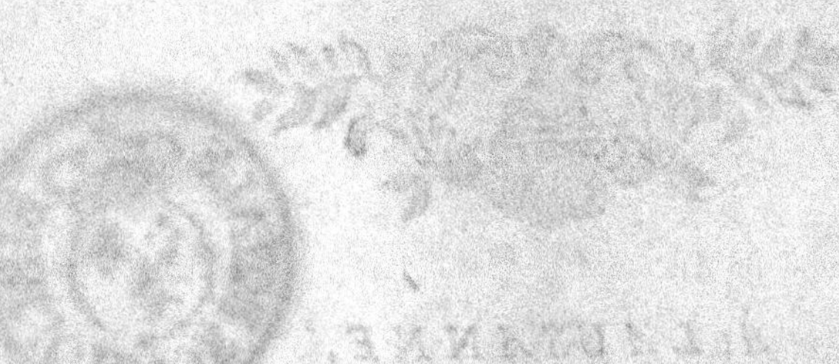

DROIT NATUREL.

SUITE DE LA
PREMIERE PARTIE.

CHAPITRE XXV.

*De l'usage & de l'abus de la parole quant
au droit.*

§. CCCXXXIX.

DE quelque faculté que l'on abuse contre
le droit de quelqu'un, c'est toujours le violer.
Il n'en est aucune dont les hommes abusent plus
souvent, que de celle de la parole, ou en général de ces signes par lesquels un homme, soit
en jettant quelqu'un dans l'erreur, soit en l'ins-
truisant de ce qui est, peut nuire ou être utile
à celui-ci ou à un autre homme. Considérons
d'abord sur ce point les choses du côté du droit,
ou des devoirs exigibles d'homme à homme,
sans cependant négliger ce qui peut intéresser
les loix de pure vertu.

§. CCCXL.

Si je vois qu'un homme veuille nuire à un autre contre son droit, je suis obligé en cette simple qualité, de m'abstenir d'en indiquer au premier les moyens, soit en lui indiquant les objets sur lesquels il peut exercer sa malice, ou en lui donnant connaissance du tems & du lieu où il peut le faire, ou la maniere dont il peut s'y prendre pour en venir à bout ; je suis obligé de m'abstenir de ce qui tend à lui faire concevoir un tel dessein, à l'y affermir par de telles indications, par des louanges, par des promesses, &c.

§. CCCXLI.

Hors de là, d'homme à homme considéré comme tel, l'on n'est point obligé de droit, de garder le silence sur les affaires qui concernent quelqu'un ; celui-ci ne peut se plaindre que par là l'on ait violé son droit. C'est autre chose, si on lui a promis de tenir secret ce qu'il nous a confié, pourvu qu'en cela il n'y ait rien de contraire au droit d'un tiers. S'il a d'ailleurs quelqu'autre droit acquis pour nous obliger à garder le silence sur certaine chose, à cet égard aussi, ce que la loi du droit étroit n'interdit point, celle de pure vertu peut le défendre : elle recommande la discrétion & la réserve sur ce qu'il importe peu ou à nous-mêmes ou à d'autres, que nous disions des affaires de quelqu'un, &c.

§. CCCXLII.

Par le droit naturel d'homme à homme considéré ainsi que nous venons de le dire, nul n'eſt obligé de donner à connaître à un autre ce qu'il ſait ou croit ſavoir (§. CCLXVI). A dé-faut de droit naturel ou acquis à cet égard , la loi de pure vertu oblige les hommes à s'entr'ai-der mutuellement , ce qu'ils devront faire en s'éclairant les uns les autres ſur ce qu'il leur im-porte de ſavoir.

§. CCCXLIII.

Si quelqu'un , ſans avoir un droit acquis à tirer de moi la vérité ſur ce qui me regarde , m'interroge là-deſſus , ſi je lui fais le refus de la lui indiquer ; ſi même je lui échappe en lui fai-ſant prendre le change , quand même il aurait pris en conſéquence un parti déſavantageux pour lui même , il ne peut pas ſe plaindre que j'aie violé ſon droit , & ne peut exiger de moi aucun dédommagement. C'eſt ce que je prouve d'un côté , par la raiſon que d'homme à homme l'on n'eſt pas obligé à faire , ni par conſéquent à dire ; & de l'autre , par la raiſon , que ſi je pou-vais être contraint à le dédommager de ce que je lui ait fait prendre le change ſur ce qui me concerne , je ſerais obligé d'apporter à ce que je dis de mes propres affaires , une attention ſuffiſante pour qu'il n'en prît pas une occaſion d'erreur & de mépriſe déſavantageuſe pour lui, ce qui ne peut être que l'effet d'un droit acquis, & qui ne l'eſt pas par cela ſeul , que cet homme m'aura interrogé ſur mes affaires. Les regles de vertu preſcrivent ici toute autre choſe : s'il nous importe de ne pas ſatisfaire la curioſité de quel-qu'un , qui n'a aucun droit à ſavoir nos affai-res , en lui échappant , cherchons à le faire ſans

qu'il lui en revienne d'ailleurs aucune incommodité.

§. CCCXLIV.

Si quelqu'un agit malicieusement contre mon
droit; s'il me donne juste sujet de lui nuire
par la force, pour la conservation & la poursuite de mes droits; si je lui fais prendre le
change, pourvu que ce ne soit pas en lui déclarant que je renonce au droit que j'ai de lui
nuire; ce qu'il entreprend en conséquence de
l'erreur où je l'aurai jetté, il ne peut pas s'en
plaindre comme d'une violation faite à son droit.

§. CCCXLV.

Si quelqu'un, sans avoir un droit acquis
pour m'obliger à lui dire ce que je puis savoir
de mes propres affaires ou même des siennes,
ou de celles de quelqu'autre personne, soit
qu'il ait intérêt à les savoir, soit qu'il n'en ait
aucun à cela; si pour lui échapper je lui donne
le change, il n'aura qu'à s'en prendre à lui-
même de ce qu'il en pourra souffrir; il ne
pourra se plaindre que j'ai violé son droit, ni
rien exiger à titre de dédommagement. Rappellons sur cet article & sur le précédent, ce
qu'exigent de tout homme les loix de la vertu,
la loi de sociabilité & du devoir non exigible.

§. CCCXLVI.

Si quelqu'un, sans me faire ni violence ni
menace, m'interroge sur ses propres affaires,
ce que je lui aurai répondu par erreur, ne me
mettra pourtant point dans le cas d'avoir à ré-

parer le mal qui lui reviendrait d'avoir fuivi mon avis : c'était à lui à l'examiner avant que d'entreprendre, & il ne fera point autorifé à préfumer que ce foit à deffein que je l'aurai jetté dans l'erreur.

§. CCCXLVII.

Mais s'il paraiffait qu'il y eût eu de la malice de ma part, je ferais refponfable du dommage, les vœux communs ne fouffrant point que l'on puiffe impunément nuire à quelqu'un fous apparence de vouloir le fervir, lorfqu'il ne viole d'ailleurs aucun de nos droits.

§. CCCXLVIII.

Si m'ingérant de mon propre mouvement dans les affaires de quelqu'un, je lui donne de faux avis qui le déterminent probablement à prendre un parti qui lui eft défavantageux, tandis que je n'avais aucune raifon probable moi-même, pour lui donner de tels avis, je ferai refponfable de ce qui lui méfarrivera. Sans cela, on pourrait impunément nuire par de faux avis, fous couleur de rendre fervice, & s'il y a eu de la malice dans ce fait, il pourra procéder contre moi comme contre un agreffeur ; malice qui pourtant ne fe préfumera point, dans le cas des raifons probables qui ont fait parler le donneur d'avis.

§. CCCXLIX.

Dans les cas où il eft du droit acquis de quelqu'un de tirer de fa bouche ou autrement, la vérité des faits, celui-ci eft obligé d'ufer d'attention, de ne point précipiter lui-même son jugement, pour ne pas donner dans l'erreur, & pour ne pas y faire tomber celui à qui il parle; il eſt obligé de ſe ſervir des ſignes & des termes qu'il ſait ou doit ſavoir être les plus propres à repréſenter les idées qu'il a des choſes; il doit s'abſtenir des termes équivoques, employés à deſſein de faire prendre le change, ou faute d'attention à ce qu'on ne le prenne pas; il faut ſur-tout, qu'il s'abſtienne de tromper par des ſignes auxquels il attache, ſans le dire, une idée différente de celle qu'il prévoit qu'on y attachera, ce qui s'appelle *réſervation mentale*; il ne doit rien retenir de ce dont il voit ou doit voir que l'on veut être informé; car l'on ment & l'on trompe, en ne diſant qu'une partie de ce qui eſt & de ce qui s'eſt paſſé, puiſqu'on le repréſente ainſi tout autre qu'il n'eſt, en ſupprimant ce qui le qualifie eſſentiellement par rapport à ce qu'on veut ſavoir.

§. CCCL.

L'homme vertueux, comme nous venons de le voir, ne ſe regle pas ſeulement ſur ce qui eſt de droit, dans l'uſage de la parole. Il n'oubliera point combien il importe à un homme qui veut être utile aux autres & à lui-même, que ceux-là puiſſent compter ſur la vérité de ſes diſcours.

§. CCCLI.

Il ſe gardera donc d'affaiblir ou de détruire cette confiance, en leur en impoſant toutes les fois que le droit peut le permettre. Dans ces cas même, il ne le fera point fans une grande nécessité, comme pour s'épargner à foi-même ou à d'autres un grand mal qu'on n'a pas droit de faire, & auquel on a droit de fe fouftraire encore fe rendra-t-il induftrieux à y réuffir par d'autres moyens que par celui qui tend à en impofer.

§. CCCLII.

Une fotte vanité, une lâche timidité, une frivolité d'efprit ne feront jamais fortir de fa bouche des difcours contraires à la vérité; il ne mentira pas même en raillant: la candeur dont il fe fera fait une habitude dominante ne fe dé-mentira jamais. Plutôt que d'en impofer, il dira la vérité, dût-il par-là s'attirer quelque mortification, demeurer expofé à quelque mal, fi pour les éviter, il n'y a d'autre moyen que celui du menfonge, qui lui paraîtra toujours indigne d'un homme d'un grand cœur, in-digne même d'un homme d'efprit; puifqu'il faut être & fourbe & mal adroit, pour ne favoir pas trouver d'autre expédient que celui-là, dans la plupart des cas où il s'agit de tirer d'embarras foi-même ou un autre, ou de dé-terminer quelqu'un à quelque chofe de louable & d'utile. L'habitude de recourir au menfonge en ces cas là, fait perdre le goût pour la vé-rité, & rend pareffeux & inepte à trouver des moyens plus affortis à la dignité de l'homme, & moins contraires à l'efprit de fociabilité.

CHAPITRE XXVI.

Du serment.

§. CCCLIII.

IL est des occasions où l'on parait ne vouloir point compter sur la sincérité ou la vérité de celui qui parle, à moins qu'il n'use d'*assévération*, c'est à-dire, qu'il n'accompagne ce qu'il dit, d'expressions qui donnent à connaitre qu'il fait une attention particuliere aux motifs qui doivent le porter à ne point en imposer, & à persévérer dans une intention droite & sincere.

§. CCCLIV.

Il n'est point d'assévération plus forte que le *serment*, par lequel la Divinité est prise à témoin des dispositions de celui qui parle, & qui reconnait qu'en cas de fraude, il ne peut échapper à la punition la plus sévere de l'Etre qui connait tout & qui déteste la tromperie,

§. CCCLV.

Une assévération, sans être un serment direct, peut être l'équivalent du serment, si elle fait mention de ce qui peut rappeller à l'esprit le grand Etre de qui tout dépend, qui voit tout, & qui hait la fraude.

§. CCCLVI.

Faire prendre le change par des équivoques, par des réserves mentales , par la suppression de ce qui est essentiel à ce que veut savoir celui à qui l'on parle , & joindre à cela le serment , c'est être *parjure* ; puisque c'est en imposer contre le dispositif du serment.

§. CCCLVII.

Dans les cas où le droit d'autrui ne sera pas violé parce qu'on lui en aura imposé , ainsi que nous l'avons vu dans le chapitre précédent , il ne s'ensuit pas , que jamais dans ces cas même , la sagesse , la vertu , la piété envers Dieu , puissent permettre d'en imposer par le moyen du serment. Ainsi lors même qu'à cet égard le parjure ne ferait pas une violation du droit d'un autre homme , il sera une violation criminelle des devoirs envers Dieu , une violation des devoirs de sociabilité , en donnant aux autres hommes le funeste exemple du mépris de la Divinité , en détruisant le plus fort bien de la confiance que les hommes peuvent avoir les uns aux autres.

§. CCCLVIII.

Je suppose ici le cas où l'on en impose , dans le tems - même que l'on jure. Pour ce qui est du cas où l'on manque dans la suite à une parole donnée par serment , ce sera sans doute un abus du serment que de promettre des choses injustes & illicites ; mais les tenir , ce pourra être aussi encore un autre acte d'impiété au premier. C'est ce dont on parlera dans un chapitre à part, à la suite de ce qui regarde les conventions & les promesses.

§. CCCLIX.

Comme nul homme, s'il n'a un droit acquis pour cela, ne peut exiger d'un autre, qu'il lui déclare ce qu'il peut savoir ; il a encore moins, s'il ne l'a acquis, le droit de le contraindre à une déclaration sermentale.

§. CCCLX.

Si quelqu'un a d'ailleurs le droit acquis d'exiger le serment d'un autre ; si celui-ci fonde le refus qu'il en fait, sur ce que la Divinité est un Etre trop respectable, pour être appellée à témoin dans les affaires des hommes ; ce sera là une erreur, qu'il est de la prudence & de la charité de ne pas brusquer. Un homme qui accompagne ce qu'il dit, d'une réflexion qui caractérise la grande crainte qu'il a de la Divinité, ne dit-il pas par là-même, qu'il n'oserait tromper devant celui qui voit tout, qui hait la perfidie, & dont il n'ose même prononcer le nom saint dans l'affaire dont il s'agit. Voilà pourquoi en Angleterre, l'on regarde la parole d'un Quaker, donnée en lieu de serment, comme le serment même : c'en est un en effet, si même il n'a quelque chose de plus fort que les sermens prêtés à la maniere des autres. Rappellons ici ce qui a été dit, (§. CCLXII.) du droit essentiel de l'homme.

§. CCCLXI.

Contraindre un homme à prendre pour objet de son serment un autre être que celui qu'il croit être la Divinité, ou à y mêler ce qui est contraire à son opinion religieuse, c'est en violant les droits essentiels de l'homme, (§. CCLXII.), lui faire manquer à ce qu'il croit être dû à la Divinité ; c'est encore en extorquant de lui le serment, manquer le but qu'on se propose, & lui faire faire ce qui dans son esprit n'est point véritablement un serment ; c'est écarter de son esprit les motifs à la sincérité, qui pour lui, sont les plus forts.

§. CCCLXII.

Si je reçois un serment contraire à mon opinion religieuse, je ne fais que donner à entendre que je ne veux point forcer celui qui le prête, à agir contre sa conscience ; que je veux donner ma confiance à un homme qui a fait tout ce qu'il a pu pour la mériter, & qui, dans la situation d'esprit où il est, n'aurait pu faire autrement, sans se rendre tout-à-fait indigne de cette confiance : ce n'est donc point participer à la religion de cet homme, ce n'est point l'approuver, ce n'est point le confirmer dans son erreur ; c'est seulement l'y laisser, parce qu'on ne peut pas l'en tirer ; c'est l'obliger dans sa religion, à être vertueux, autant qu'il peut l'être, & qu'il importe qu'il le soit, en ne se rendant pas coupable de tromperie.

§. CCCLXIII.

Celui qui viole le droit d'autrui en le trompant par un serment, se rend coupable d'une violation d'autant plus énorme, qu'il avait les plus puissans motifs à ne pas la commettre, & qu'il a ébranlé le plus ferme appui de la confiance mutuelle.

§. CCCLXIV.

Cette violation & le parjure, n'en est pas moins un juste sujet de plainte de la part de la partie lézée, si même le serment a été prêté par quelque fausse divinité, soit que celui qui l'a fait, l'ait su tel, soit qu'il l'ait cru autrement.

§. CCCLXV.

La force d'un motif n'est jamais tant énervée que lorsque les signes propres à le faire naitre, à le faire agir sur le cœur, sont devenus familiers, & tels que l'on n'y attache plus l'idée qui y doit répondre. Rien ne fait plus dégénérer un signe en signe familier, que de l'employer à chaque instant, sans attention, sans réflexion. Voilà pourquoi il ne faut user du serment que rarement, & par conséquent pour des sujets importans, qui ne se représentent que de loin en loin; nullement pour des sujets de petite importance, qui reviennent presque à toute heure.

§. CCCLXVI.

§. CCCLXVI.

Il y a loin des aſſévérations qui ne ſont pas le ſerment ni direct ni indirect, à cet acte religieux, quoiqu'elles ſoyent quelque choſe de plus qu'une expoſition toute nue de ce que l'on dit, de ce que l'on promet; il eſt naturel de proportionner les moyens à l'importance des choſes : entre le ſerment & ce qui en eſt le plus éloigné, il y a bien des aſſévérations, *en honneur*, *en vérité*, &c. mais qu'on s'abſtienne des formules indécentes. Quant aux imprécations contre ſoi-même, elles ſont des eſpeces de ſermens, & des ſermens monſtrueux, ſi les objets d'horreur viennent s'y mèler.

§. CCCLXVII.

Ce que nous venons de dire de la fréquence du ſerment, diſons le des autres aſſévérations; l'uſage familier qu'on en fait, ſans attention, ſans réflexion, pour des choſes de néant, les rendent enfin ſans force; elles dénotent la frivolité d'un eſprit peu attentif à la différence des objets & de leur importance. Par degrés on viendra à ne tenir plus aucun compte de ces aſſévérations, & par des nuances, on approchera de prononcer un ſerment avec la même inconſidération.

CHAPITRE XXVII.

Continuation sur les droits acquis , & en se-
cond lieu , sur la propriété originaire.

§. CCCLXVIII.

JAMAIS les vœux communs n'ont permis ni ne permettront, que ce qui est d'u-
sage inépuisable , puisse appartenir à quelqu'un , de maniere que celui-ci ait droit de
s'en servir à l'exclusion des autres. Tels sont,
l'air , la lumiere & la chaleur du soleil , la
pleine mer , &c. mais à l'égard des choses qui
sont d'usage épuisable, dont l'usage devien-
drait nul pour tout le monde , si nul homme
ne pouvait en exclure d'autres ; si chacun in-
différemment voulait s'en servir, les vœux communs , à l'égard de ces choses , veulent qu'un
homme ou une partie des hommes puisse en
exclure les autres.

§. CCCLXIX.

Aussitôt qu'il y a eu des hommes sur la terre , quoiqu'il y eût un nombre plus que suffisant des choses nécessaires à la conservation de
l'espece humaine , néanmoins , à l'égard des
objets dont chacun en particulier ou une certaine quantité était d'usage épuisable, de telle
sorte , que ce qui servait à l'un par la consommation , ne pouvait servir à nul autre ; il a
fallu que chaque homme , portant la vue au

moins fur autant de ces objets qu'il en fallait confommer pour fon befoin préfent, pût en exclure tout autre homme, & le renvoyer à penfer à d'autres objets de cette même efpece; fans quoi il eût fallu que tous les hommes périffent jufqu'à un. C'eft ainfi que dans l'enfance & la fimplicité du genre humain, & au milieu de la grande abondance de toutes chofes, un homme n'a eu à fonger d'exclure les autres de l'ufage d'autre chofe, que de celle qui devait fervir à fon befoin préfent, fans attendre fa prévoyance fur l'avenir; c'était à recommencer fur un nouvel objet à confommer, quand le befoin renaiffait.

§. CCCLXX.

Mais quand il a fallu que les produits de la terre fuffent confervés par l'induftrie & l'attention des hommes; quand il a fallu que plufieurs de ces produits, reçuffent une certaine forme pour fournir aux befoins de l'efpece humaine multipliée fur la terre; quand à caufe de cette multiplication, il a fallu que ces produits fe multipliaffent auffi par le travail & la cultivation, chaque homme alors a été dans le cas de porter fa vue fur les befoins avenir, fur les objets deftinés à y fatisfaire, d'en conferver quelques uns pour le tems du befoin, de donner des formes à d'autres, d'augmenter les produits de quelques autres par fes foins & par fon travail. Après avoir donné leurs premiers foins aux néceffités, les hommes ont penfé enfuite aux chofes commodes & agréables. Dèslà telle chofe qui n'était comptée pour rien,

eſt devenue un objet de plaiſir pour les uns,
& a excité les autres à ſe procurer, par l'é-
change qu'ils en faiſaient avec ceux-là, celles
de néceſſité. Les travaux & les actions, tant
pour l'utilité que pour l'agrément, ont été des
objets d'échange, par lequel chaque homme a
pu d'une maniere ou d'une autre, pourvoir à
ſes beſoins, & y ajouter les commodités, les
agrémens de la vie.

§. CCCLXXI.

Ainſi, les vœux communs ont d'abord
voulu, que celui qui le premier, pour ſon
beſoin préſent, ſaiſirait une choſe d'uſage épui-
ſable, & qui n'était ni l'effet de l'induſtrie d'un
autre ni un objet conſervé & retenu par quelqu'autre pour ſes propres beſoins, eût le droit
de ſe ſervir ſeul de cette choſe excluſivement à
tout autre homme. Ils ont voulu même que le
même droit fut acquis à quelqu'un ſur une choſe qu'il aurait priſe le premier pour la conſer-
ver pour ſon beſoin avenir; ſur une choſe qu'il
aurait priſe le premier pour en augmenter le produit, & qu'il continuerait à tenir en donnant
pour cela à cette choſe ſes ſoins, en y exer-
çant ſon travail & ſon induſtrie; ſur une choſe enfin qu'il aurait priſe le premier, ſoit pour
lui donner une forme utile ou agréable, pour
s'en ſervir lui-même, ou pour l'échanger contre d'autres dont il peut avoir beſoin, ſoit
pour en faire un tel échange ſans la façonner;
ils ont voulu, dis-je, ces vœux communs,
que cette perſonne, dans ces cas-là, à ne
conſidérer que ce qu'elle a fait ainſi que nous

venons de le dire, avant tout autre, eût le droit d'avoir à foi cette chofe, de maniere à empêcher tous les autres qu'elle a prévenus, de tirer de cette chofe aucun ufage qui puiffe diminuer le fien. Si, à confidérer les chofes par cela feul qu'elle a prévenu tous les autres, quelqu'un de ceux-ci peut néanmoins & fans aucune raifon de droit acquis de fa part, tirer de cette chofe un ufage qui diminue le fien, tous auront la même liberté, & cet ufage deviendra nul, contre la raifon des vœux communs; car dès-là, plus d'efficace à la prife des chofes pour le befoin préfent, aux actes de confervations des efpeces pour le befoin avenir, à l'induftrie, pour donner aux produits de la nature des formes utiles & néceffaires; plus d'encouragement à augmenter ces produits, à procurer des échanges de chofes agréables & commodes contre des néceffaires; le genre humain ferait condamné à traîner une vie pénible & incommode, & même enfin à périr en détail faute de nourriture & de vètemens, il n'eft pas un homme dont la condition ne fût fort au-deffous de celle où les plus pauvres peuvent fe trouver dans le fyftême que l'on vient d'établir.

§. CCCLXXII.

Ce droit d'exclure tout autre homme de l'ufage d'une chofe, lequel puiffe diminuer le nôtre, c'eft ce qu'on appelle le droit de *propriété*. Elle eft appellée *originaire*, par rapport à celui qui a prévenu tout autre homme, pour prendre une chofe à foi, ainfi que nous

venons de le voir. Celui qui est devenu propriétaire de cette maniere, l'est par le droit
qu'on appelle *de premier occupant.*

§. CCCLXIII.

Lorsqu'à la vue d'une chose qui n'est à personne, il n'y a aucune difficulté de la prendre,
celui qui le premier a déclaré l'avoir vue , &
avoir intention de la prendre sans renvoi pour
l'avoir à soi , peut à raison de cela seul , la prendre & l'avoir à soi à l'exclusion de tout autre:
il en est ainsi devenu le propriétaire dès le moment d'une telle déclaration de vue & d'intention. D'ailleurs la prise actuelle de la chose est
une déclaration suffisante de la volonté de l'a-
voir à soi, pour qu'il en résulte un droit de
propriété à titre de premier occupant.

§. CCCLXXIV.

A l'égard des choses dont la prise a quelque
difficulté , & demande une opération dont le
succès peut venir à manquer , pour en devenir
propriétaire, il ne suffit pas d'avoir vu , d'avoir
déclaré cette vue & l'intention de prendre tout
de suite & d'avoir à soi la chose: seulement
est-il des vœux communs , que celui qui le premier après avoir vu a déja avancé dans l'opération de prise , au point de la rendre plus facile qu'elle n'était d'abord , comme lorsque les
chiens ont lancé & poursuivent un animal sau-
vage , lorsque l'on a commencé à creuser une
place pour y trouver des minéraux , il est , dis-
je , des vœux communs, que cette personne ait
seule le droit de poursuivre à la prise de l'objet

de cette opération, qui ne fera pas encore devenue inutile, ou dont on ne fe fera pas encore
défifté. Jufques là les vœux communs ne permettent point, que quelqu'un d'autre vienne
commencer fur cet objet une opération ten-
dante à le prendre, & à rendre ainfi inutile celle
du premier : ils veulent qu'on s'adreffe à d'autres objets.

§. CCCLXXV.

Il n'eft prefque pas befoin de dire qu'auffi
longtems que celui qui eft devenu propriétaire
d'une chofe, la poffède par lui-même ou par
autrui, la retient à portée de fes ufages, ou
qu'elle y demeure d'elle-même, ce ferait violer
la propriété, que de prendre cette chofe comme
à titre de premier occupant : c'eft ainfi qui ne
fera pas permis de pêcher dans le vivier de
quelqu'un, de tuer du fauve dans fon parc, de
prendre de fes animaux qui ont l'habitude d'aller & de revenir à lui, &c. Moins encore eft il
permis de le priver par la violence ou par adreffe
& clandeftinement de la poffeffion de ces objets.

§. CCCLXXVI.

Mais fi le propriétaire d'une chofe l'abandonne, pour donner à entendre qu'il veut la
mettre hors de fa puiffance, ne l'avoir plus à
foi, n'en être plus propriétaire, fans vouloir
d'ailleurs qu'elle appartienne à tel homme plutôt qu'à tel autre, c'eft le cas, où par les vœux
communs, cette chofe peut être regardée comme n'appartenant à perfonne, & tomber en la
propriété du premier occupant. Mais il faut

auſſi que ce renoncement à la propriété de la part du premier, ne ſoit point équivoque: s'il l'eſt, on n'aura pas droit de lui ſuppoſer cette intention, pour fonder ſur elle le droit de premier occupant. Je ſuppoſe ici le cas où il faut que le propriétaire ait eu l'intention de n'avoir plus la choſe à ſoi.

§. CCCLXXVII.

Il en eſt en effet de ces cas, où, pour que la choſe ceſſe d'appartenir à quelqu'un, il faut qu'il ait eu intention de ne la plus retenir en ſa propriété, & où, pour cela, il ne ſuffit pas que cette choſe ne ſoit plus en ſa poſſeſſion, à portée de ſes uſages, où il ne ſuffit pas, dis-je, qu'elle lui ait échappé malgré lui, ni même qu'il s'en ſoit retiré ou qu'il l'ait jettée, s'il l'a fait dans des circonſtances où cela ne dénote point l'intention de renoncer à la propriété : la choſe alors n'eſt point dans le cas de pouvoir appartenir à un autre comme premier occupant.

§. CCCLXXVIII.

Tel eſt le cas des choſes mobilieres qui ne ſe meuvent point d'elles-mêmes, ou qui ſe mouvant elles-mêmes, demeurent cependant accoutumées à aller & à revenir à leur propriétaire, & ne ſont point de leur nature portées à s'en ſouſtraire ſans retour. Ces choſes, dis-je, ſe trouvant loin de la garde de leur propriétaire, & en lieu où elles ne naiſſent pas telles qu'on les trouve, n'appartiendront point à celui qui les rencontrera, plutôt qu'à celui qui était propriétaire au moment qu'elles lui ont échappé,

Autrement, il ferait trop à craindre, qu'après avoir intercepté ces chofes là à leur propriétaire, après les en avoir éloignées clandeftinement, l'on ne fe les appropriât fans retour fous prétexte qu'il ne paraîtrait autre chofe, fi ce n'eft qu'on les aurait trouvées en lieu de perte. Le voleur eft rarement pris fur le fait, & jamais prefque il ne manquerait de demeurer propriétaire de la chofe dérobée, fi pour devenir propriétaire en la place de quelqu'un, il fuffifait d'avoir trouvé la chofe loin de fa préfence & dans un lieu ignoré par celui-ci, mais bien connu du voleur. Les vœux communs veulent donc à l'égard de ces chofes, que la propriété dure au-delà de la poffeffion, indépendamment de tout droit introduit.

§. CCCLXXIX.

Mais à l'égard des chofes qui font portées de leur nature à fe fouftraire de la garde & de l'ufage de leur propriétaire, qui naiffent telles qu'elles font dans le lieu où on les trouve loin de la garde, & hors de portée de l'ufage de quelqu'un ; il n'y a pas, dis-je, à l'égard de ces chofes les mêmes raifons pour faire qu'elles ne puiffent appartenir à celui qui les trouve, plutôt qu'à celui qui en était propriétaire au moment qu'elles fe feront échappées. Les vœux communs en ce cas, feront en équilibre, & les chofes par conféquent en refteront à l'état où elles font en faveur du trouveur.

§. CCCLXXX.

Quant aux chofes de l'efpece précédente, di-

sons encore, que si le propriétaire de ces choses s'est trouvé contraint par quelque fâcheuse
nécessité, de les abandonner sans l'intention de
ne les plus reprendre, les vœux communs ne
souffrent point qu'elles puissent dès là appartenir à quelqu'autre comme premier occupant.
Ainsi ce que l'on a jetté en mer pour sauver l'é-
quipage, n'appartient point à celui qui le trouve
dès le moment qu'il a trouvé : il n'en devient
point par cela seul propriétaire. Il en sera de
même à plus forte raison, si par quelque accident fâcheux, & sans la volonté du maître, ces
choses viennent à s'éloigner de lui : comme
dans le cas d'un naufrage, ou d'un fardeau qui
tombe d'une voiture, &c. Il en demeure propriétaire par les vœux communs.

§. CCCLXXXI.

A l'égard des immeubles, à ne considérer les
choses que par le seul droit de propriété, sans
autre droit introduit, la propriété par les vœux
communs, les choses en étant aux termes qu'on
vient de dire, ne dure pas au-delà de la possession. Enforte que si quelqu'un cesse de tenir un
quartier de terrein pour ses usages, s'il cesse
d'y faire au retour de la saison ce qui est relatif
à ces usages là, en se tournant de quelqu'autre
côté, il cesse par là-même d'être propriétaire ; &
le premier occupant dès lors aura la propriété.
Ici il n'y a pas pour faire durer la propriété
au-delà de la possession, les raisons qu'on a di-
tes (§. CCCLXXVIII), par rapport aux choses mobilieres de la premiere espece. D'autre
côté l'on aurait sujet de rire de la folle préten-

tion du premier, qui se serait avisé en se servant successivement de tel & tel quartier de terrein, en les cultivant successivement, passant
ainsi de l'un à l'autre, aurait prétendu avoir
ajouté propriété à propriété, en déclarant qu'il
veut retenir les précédentes, & n'aurait enfin
rien laissé à prendre aux autres; & s'il eût voulu
persister dans une telle prétention, on l'eût regardé comme l'ennemi des hommes : on se fût
moqué de Xerxes, si ce prince, après avoir oc-
cupé l'Hellespont, & l'avoir couvert avec une
flotte de cinq mille navires, eût dit en se reti-
rant avec sa flotte : *l'Hellespont est à moi*. On
parlera de ceci plus au long, quand il s'agira de
la propriété des terres & des mers par rapport
aux nations. Au reste l'on comprend bien que
les établissemens civils par rapport aux héritages, compris dans le territoire d'une société civile, ont pu faire durer la propriété de ces héritages au-delà de la possession. Pour que les loix
civiles ayent cet effet pour les questions de propriété, qui s'agitent de particulier à particulier,
il suffit que la société civile demeure en possession du territoire où ces héritages sont situés.

§. CCCLXXXII.

A considérer les choses par droit de propriété
simplement, les produits d'une chose acquise
en vue de ces produits, appartiennent au propriétaire de cette chose, sans qu'il soit besoin
d'un nouvel acte de prise : il suffit qu'il la possede, qu'elle soit demeurée en sa puissance & à
portée de ses usages. Ainsi ces produits ne seront pas pour quelqu'autre personne qui vou-

drait les prendre fous prétexte de premier occupant. Tel eſt le cas des fruits qui naiſſent dans
un héritage cultivé ou autrement tenu en vue
de ces fruits là; tel eſt celui des produits des
animaux par leur multiplication, & de ce qui
naît de leur ſubſtance pour l'uſage du propriétaire de cẽs animaux. Et il eſt évident que le
produit du ventre de l'animal ſuit le propriétaire de la femelle plutôt que celui du mâle,
parce qu'il y a certitude par rapport au produit
de la femelle, & qu'il y en a peu par rapport à
celui du mâle.

§. CCCLXXXIII.

Mais ce qui exiſte dans un fonds qui n'a
point été acquis en vue de cette choſe, laquelle
auſſi n'y a point été placée & n'y eſt point retenue par les ſoins du propriétaire du fonds,
demeure hors de ſa propriété, tant que lui-même
ne s'en ſera pas emparé & n'aura fait aucun acte
d'occupant. C'eſt ainſi que l'animal ſauvage tué
ou pris dans le fonds de quelqu'un, appartient
plutôt à celui qui l'a pris ou tué, qu'au propriétaire de ce fonds : c'eſt ainſi qu'un tréſor
appartiendra plutôt au trouveur, que non pas
à ce propriétaire, à ne conſidérer les choſes
que par la ſeule propriété, & ſans ſuppoſer
d'ailleurs quelque droit introduit. Il eſt vrai,
qu'à conſidérer les choſes par ce ſeul droit de
propriété, celui à qui appartient le fonds a droit
d'empêcher que l'on n'y vienne chaſſer ou fouiller des tréſors, en tant que chacun le faiſant,
cela anéantirait l'uſage auquel répond la propriété du fonds; ſi on l'a fait malgré lui ou à

son infçu, il peut fe plaindre avec juftice, exiger des dédommagemens, fi l'on a caufé quelque amoindriffement à fon fonds ; mais quant à la propriété du tréfor trouvé, de la bête prife ou tuée dans un fonds ouvert & fans dommage pour ce fonds, c'eft une autre queftion. Des établiffemens civils, peuvent difpofer de tout cela autrement, & exclure de ces objets tant le propriétaire du fonds que tout autre particulier, à qui le droit de chaffer & de fouiller des tréfors n'aura pas été laiffé par ces établiffemens ; obfervation qui s'étendra auffi aux tréfors & aux chofes perdues, comme auffi aux bêtes qui fe trouvant en lieu public, foit qu'elles ayent retenu ou repris leur nature fauvage, foit qu'étant privées de leur naturel, elles fe foyent égarées en lieu public ou en lieu privé.

§. CCCLXXXIV.

Le propriétaire d'un fonds qui borde une riviere ou un lac, fi ce n'eft une nation, ne fera point par cela feul propriétaire de ce lac ou de cette riviere, ni du lit de celle-ci. Par conféquent il n'aura point par cela feul, le droit exclufif de pêcher dans ce lac, dans cette partie de la riviere qui borde fon fonds ; il ne fera point par cela feul, propriétaire du fonds de ce lac qui viendra à fe deffécher naturellement, ni du lit que la riviere aura laiffé d'elle même à fec, ni des îles qui viennent à paraître dans cette riviere ou dans ce lac, fans le fait du propriétaire du fonds, & fans qu'il ait rien fait pour s'emparer de ces objets, lefquels en ces cas appartiennent au premier occupant. Il faudra rai-

fonner un peu différemment fur ce qui regarde
les nations, & avoir égard auffi à ce que les établiffemens civils ordonnent fur ces fortes d'objets, en tant qu'ils font dans la proprieté publique, ou en tant que par les loix civiles du
pays où ils font compris, ils font attribués,
comme ils le font par le droit romain, aux
particuliers propriétaires des fonds riverains ar-
cifinies.

§. CCCLXXXV.

A confidérer les chofes aux termes de la
propriété toute feule, dans l'état de nature,
le fonds qui appartient non à une nation;
mais à quelque individu hors de l'état civil,
venant à fe changer en lac, & à reprendre enfuite fa premiere forme, n'appartiendra plus à
cet individu qui n'aura pas pris poffeffion de ce
lac, ou du terrein revenu à fa premiere forme; lequel en ce cas appartiendra au premier
occuppant : difons en de même de la partie
d'un fonds, par lequel une riviere fera venue
prendre fon cours, qu'elle aura enfuite quitté.

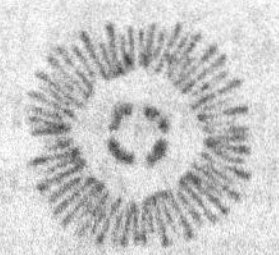

CHAPITRE XXVIII.

De la propriété dérivative, acquise tant par disposition entre - vifs, que par celle de derniere volonté.

§. CCCLXXXVI.

Jusqu'ici nous avons parlé de la propriété acquise par droit de premier occupant, dela propriété que l'on acquiert sur ce qui n'est à personne & qui est appellée *originaire*, parce que c'est par elle que toute chose commencé à appartenir à un maitre d'entre les hommes, à l'exclusion de ses semblables : elle est dis - je appellée *originaire* par différence de celle qu'on nomme *dérivative*, qui passe d'une personne à une autre, & de laquelle il s'agira dans ce chapitre.

§. CCCLXXXVII.

Nous avons vu au (§. CCXC.) & au chapitre (XXI.) que pour avoir ce qui lui est dû de droit acquis, & pour la réparation d'un dommage qu'il souffre, l'homme, à considérer les choses par ce droit là tout simplement, a celui d'exécuter sur les choses qui apartiennent au débiteur, à l'auteur du dommage, & qu'il peut par conséquent en prendre à soi, pour la valeur de ce qui lui est dû, & s'en rendre propriétaire : voilà donc d'abord une des manieres d'acquérir la propriété dérivative. C'est l'acquisition par droit d'exécution, qui,

entre perſonnes qui vivent dans l'état de nature, ſe fait par la perſonne même à qui il eſt
dû, ſoit pour fait licite, ſoit pour fait illicite
du débiteur ; mais entre perſonnes qui vivent
dans la ſociété civile, cette exécution ſe fait
par autorité publique. Quand il s'agira du
droit des gens, on aura occaſion de parler du
droit que l'on a de s'emparer des choſes appartenantes à l'ennemi, lequel a du rapport à l'eſpece d'acquiſition dérivative que l'on vient
d'indiquer.

§. CCCLXXXVIII.

Mais une autre maniere d'acquérir déri-
vativement la propriété, plus aſſortie que celle - là à l'amitié qui doit régner entre les hommes ; c'eſt lorſque le propriétaire d'une choſe
en tranſporte la proprieté à un autre, ſoit en
conſéquence d'un engagement pris à ces fins
librement, ſoit qu'il n'y ait point eu de tel
engagement précédent.

§. CCCLXXXIX.

Nul homme, comme tel ſimplement, &
ſans avoir quelque droit acquis dérogeant à celui d'un propriétaire, ne peut empêcher celui - ci de diſpoſer de ſon bien, & d'en tranſ-
porter la propriété à quelqu'un, ſoit gratuitement ſoit contre un reciproque : vouloir l'en
empêcher, ce ſerait violer le droit du tranſ-
férant, & celui de la perſonne à qui la propriété
eſt cédée. A quoi en ſerait - on réduit ſi chacun pouvait mettre ainſi obſtacle à de telles diſ-
poſitions ? Il faudrait que chacun ſe paſſât de
tout

tout ce qu'il n'aurait pu acquérir lui-même
par acte d'acquisition originaire. Une infinité
de choses deviendraient inutiles entre les mains
de leurs propriétaires, faute de pouvoir se procurer, par le moyen des échanges, celles
dont ils pourraient avoir besoin. Chaque homme, faute de posséder tous les arts & tous les
talens, demeurerait privé non-seulement du
commode & de l'agréable, mais souvent mème du nécessaire.

§. CCCXC.

Si quelqu'un a transféré sa propriété d'une
chose à quelqu'un sans la lui délivrer, celui-ci
a bien acquis le droit d'exiger du premier cette
délivrance, s'il n'est resté en arriere de rien de ce
qui peut avoir été convenu pour cela. Et si
la propriété lui a été promise, il peut bien aussi
exiger, sous les mèmes réserves, qu'elle lui
soit transférée, & que la chose lui soit délivrée.

§. CCCXCI.

Mais si avant que cette délivrance lui ait été
faite, la mème personne qui a été obligée à la lui
délivrer, vient à en disposer en faveur d'un autre à qui il délivre la chose, & qui ne savait
rien ou n'était obligé de rien savoir de ce qui
s'était passé avec le premier, celui à qui la chose aura été ainsi délivrée, en sera le propriétaire, & non pas la personne à qui la délivrance n'aura pas été faite. Il est plus naturel
que celle-ci, ayant suivi la foi du précédent
propriétaire qui ne lui a pas fait la délivrance,

s'en prenne à celui - ci , de ce qu'il a manqué à fon devoir exigible. Quand à l'autre , il a pris toutes les précautions qu'il était à portée de prendre , & que celui - là n'a pas prifes , ne fe faifant pas délivrer la chofe , comme il l'aurait pu , en prévenant ainfi toute occafion de conflict en éviration de perte , avec une perfonne tierce.

§. CCCXCII.

Le tranfport volontaire de la propriété ne peut fe faire que par deux fortes de difpofitions , ou par celle qu'on nomme difpofition *entre - vifs* , ou par la difpofition de *derniere volonté*. Par la premiere on fe lie à laiffer la propriété à la perfonne à qui on la transfere , foit que ce tranfport fe faffe d'abord , foit qu'on l'ait promis pour un tems avenir déterminé. Par l'autre difpofition , le propriétaire entend que la chofe parviendra au tems de fa mort à quelqu'un , autant que celui-là mourra fans marquer une difpofitoin contraire.

§. CCCXCIII.

Ce qu'on a dit au (§. CCCLXXXIX.) fait comprendre fuffifamment qu'un propriétaire confidéré comme tel fimplement , peut difpofer efficacement de ce qui lui appartient , le faifant par difpofition entre - vifs , fans qu'il foit befoin pour cela de quelqu'autre droit introduit , par exemple d'un établiffement civil. Mais à l'égard de la difpofition de derniere volonté , c'eft fur quoi les jurifconfultes ne font pas d'accord : les uns difent que cette difpo-

fition pour avoir fon effet, n'a pas befoin d'un
établiffement civil, ni d'un droit introduit outre celui de la propriété ; qu'il fuffit qu'il n'y
ait aucun droit indroduit qui lui foit contraire.
D'autres difent qu'une telle difpofition n'eft
par elle - même d'aucun effet, pour rendre
propriétaire la perfonne qu'elle regarde, à l'exclufion de quiconque n'aura d'autre raifon que
celle de s'être emparé le premier de ce qui a
été laiffé par le difpofant en mourant.

C'eft à cela pour le coup que nous rédui-
fons la queftion, & non pas à favoir, fi une
telle difpofition de derniere volonté, l'emporte
fur le droit que peuvent avoir d'autres perfonnes, foit en vertu du parentage, foit à raifon de quelque convention, ou de quelque
condition fous laquelle le défunt avait reçu fes
biens de quelqu'un.

§. CCCXCIV.

Nous ne rechercherons pas non plus ici, ce
qui eft le mieux en bonne politique, ou que
les difpofitions de derniere volonté foyent fou-
tenues, ou qu'elles foyent regardées comme
de nul effet ; queftion dont la décifion dépend des diverfes vues politiques, qui peuvent
varier felon les différens gouvernemens, & à
raifon des différentes circonftances auxquelles la légiflation fe rapporte, felon la diverfité
des objets de ces difpofitions. Il s'agit feulement de favoir fi, abftraction faite de tout
établiffement politique, & à ne confidérer les
chofes que par le droit fimple de propriété,
les biens d'un mourant appartiendront après

sa mort au premier occupant, plutôt qu'à la personne qui aura en sa faveur une disposition de derniere volonté.

§. CCCXCV.

Ceux qui veulent que la chose soit ainsi, disent pour raison, qu'il n'est d'aucun avantage pour un propriétaire de pouvoir disposer de cette maniere, qui, sans lui assûrer un successeur tel qu'il le croit, digne de ses bienfaits, fait passer souvent les biens au plus indigne, & met d'autre côté le propriétaire en butte à l'avidité des cultivateurs d'hérédités, qui même n'attendent pas qu'une mort naturelle vienne combler leurs vœux. Il est vrai, dira quelqu'un, que l'on peut aisément se tromper dans le choix que l'on fait d'un héritier. Mais comme l'on peut dire aussi des dispositions entre - vifs, sur - tout de celles qui sont gratuites, que souvent l'on en choisit mal les objets; que souvent l'on fait des conventions peu avantageuses, ce qui pourtant n'emporte pas que l'on ne puisse disposer entre-vifs, il s'en suit, que le danger de se tromper dans les dispositions de derniere volonté, ne fait rien pour prouver qu'elles ne peuvent être efficaces en faveur des personnes qui en sont les objets. Quant au danger qu'il y a, que ces personnes ne hâtent la mort du disposant, il ne prouve rien non plus pour préférer à celleslà le premier occupant, en qui l'on peut avec autant ou plus de raison supposer la même avidité funeste au propriétaire, qui pourra moins s'en garantir que de celle d'un héritier testamentaire dont il pourra taire le nom, s'il le trouve à propos. Enforte que, s'il s'agit de décider par ce qu'il y a de plus propre à mettre le propriétaire à couvert de ce côté-là, il faudra reconnaître, que les vœux communs veulent que ses biens soyent après sa mort, non pour le premier occupant, pour le plus empressé à mettre la main fur ces chofes; mais pour celui en faveur de qui il en aura été difposé, lequel pouvant n'être connu qu'après la mort du difposant, & n'avoir par conféquent aucune intention funefte fur la vie de fon bienfaiteur, devra par là-même avoir la préférence fur l'autre; fans quoi il y a toujours du danger à être propriétaire. Chaque homme ayant également droit d'occuper, ne s'agiffant que de prévenir tout autre, il y a à parier, que fur nombre, il s'en trouvera plus d'un, qui pour n'être prévenu par aucun autre, n'attendra pas que la mort naturelle ait levé la barriere.

§. CCCXCVI.

Les loix civiles de la plupart des anciens peuples, n'ont point foutenu les difpofitions de derniere volonté: preuve, ajoute-t-on, qu'elles ne font pas de droit naturel. A cela je réponds, que ce n'eft pas au premier occupant, mais à l'état, ou à la famille ou à telle autre perfonne, à raifon de la qualité des chofes, & de quelques autres établiffemens, que ces loix ont donné la préférence par exclufion à toute difpofition de derniere volonté. J'ajoute, que fi même il convenait à l'état de toute fociété civile, d'en bannir toute difpofition de derniere volonté, ce qui pourtant ne pourra jamais avoir lieu en faveur d'un premier occupant, cela ne prouverait point que ces fortes de difpofitions ne foyent pas de droit naturel. Il convient à l'état de toute fociété civile, que la partie lézée ne puiffe pas d'elle-même & fans l'aveu & l'autorité d'un tiers, exécuter fur la perfonne & fur les biens de la partie coupable; & cependant ce droit d'exécution eft, comme nous l'avons vu, (§. C C C X C.), de droit naturel, & appartient à tout homme lézé dans l'état de nature & d'indépendance de tout pouvoir civil.

§. CCCXCVII.

Les difpofitions de derniere volonté, difent d'autres, renvoyent le tranfport de la propriété après la mort du difpofant, tems auquel il ne fera plus propriétaire, & où par conféquent le tranfport ne pourra avoir lieu. Vaine fubtilité, qui ne détruit pas ce que j'ai dit des vœux communs, (§. C C C X C V.). D'ailleurs, ne peut-on pas dire que le difpofant peut être regardé comme ayant voulu que ce tranfport eût lieu en un tems où il fera poffible, au dernier moment de fa vie; moment auquel on ne dira pas que le difpofant ne fût encore propriétaire, & qu'il n'ait fait alors le tranfport, par cela même qu'il n'a point révoqué fa difpofition ? L'inftant où l'on meurt tient encore à la vie; *mors eft ultima linea rerum* : mourir, c'eft le dernier accident de la vie.

§. CCCXCVIII.

Ce que dit l'illuftre préfident DE BYN-
KERSHOEK, que le difpofant, quand il eft
mort ne poffede plus, & que la propriété,
dans l'état de nature, ne dure pas au-delà de
la poffeffion, c'eft un argument qui revient
à celui qu'on vient de réfuter, & qui peut l'ê-
tre de la même maniere que le précédent, en
ajoutant cependant, que quoique l'héritier dé-
figné ne poffede pas non plus au moment de la
mort, s'il ne poffédait déja avec le défunt, la
chofe ne doit pas cependant, à caufe des vœux
communs indiqués ci-deffus, appartenir au
premier occupant; & que c'eft ici un des cas
où la propriété, par ces vœux communs, doit
avoir lieu en faveur du fucceffeur, fans qu'il
foit befoin pour cela qu'il poffede à l'inftant
même de la mort du difpofant. Il eft cenfé en
poffeffion, & il ne fera regardé comme ayant
ceffé de pofféder à l'effet de perdre la propriété, qu'autant qu'il fera refté hors de poffeffion,
autant de tems qu'il faut qu'un homme vivant
en foit dehors pour ceffer d'être propriétaire de
ce qu'il poffédait en propriété, & cela à compter dès le moment qu'il a pu favoir qu'il était
propriétaire. Autrement encore un coup, tout
autre n'ayant qu'à gagner de viteffe pour avoir
le bien vacant, ferait fouvent attiré à le faire
par le meurtre. Sur le nombre, il fe trouve-
rait toujours quelqu'un qui formerait les pro-
jets les plus funeftes à la vie des propriétaires;
ce qui irait à détruire la propriété même, dans
l'état de nature : perfonne en cet état n'oferait

plus en avoir aucune ; la propriété , qui eſt
une reſſource contre la miſere & la mort , ſerait l'un des plus dangereux lacs de l'une & de
l'autre.

§. CCCXCIX.

Il y a moyen , me direz vous , de vous garantir de ces craintes d'un inconnu premier occupant : faites choix de votre ſucceſſeur , & faites - le poſſéder en même - tems que vous ; au
tems de votre mort , perſonne n'aura rien à
prendre. Mais à quoi bon , pour me délivrer
de la crainte d'un premier occupant inconnu ,
me gêner à tant de détours , à une méthode
qui me laiſſe encore en partie , expoſé à l'avidité d'un ſucceſſeur , qui aura ſû m'en impoſer ?
La cauſe d'un premier occupant inconnu eſt-
elle donc ſi favorable , qu'il faille tant de fa-
çons & tant de gênes pour l'exclure ? Quand
les vœux communs ſont pour une choſe , ils
ne ſouffrent rien de ce qui peut la traverſer,
la rendre difficile , ſans égard à ces mêmes
vœux.

§.   CD.

L'on peut tenir des biens de quelqu'un , à
la condition de les faire paſſer à d'autres. Cette
condition pourra être préſumée en faveur des
deſcendans de la perſonne de qui les biens ſont
dérivés à quelqu'un de ces deſcendans. Ainſi le fils ſera obligé par devoir exigible , de laiſ-
ſer parvenir à ſes freres , à ſes fils, aux fils de
ſes freres , le bien qui lui ſera venu de ſon pere. Et pour cela ce fils , en ce cas , n'aura pas

befoin de déclarer que telle eft fa volonté , tant qu'il n'aurait pas eu le droit d'en difpofer autrement. Voilà un des fondemens de la fucceffion *abinteftat* , concernant les biens anciens , *bona avita.*

§. C D I.

Mais à l'égard des biens qui ne font pas chargés d'une telle condition , fera - t - il du devoir exigible de les laiffer après fa mort à des enfans , à des parens , & de n'en difpofer en faveur de perfonne à leur exclufion ? La queftion n'eft pas embarraffante par rapport à des collatéraux , à confidérer les chofes aux fimples termes de propriété d'une part , & de relation de parentage collatéral d'autre part ; quant aux enfans & aux afcendans , il en fera parlé ailleurs.

§. C D II.

Pour le coup , on fe contentera de remarquer ici , qu'il n'eft pas befoin pour hériter fon parent , d'avoir poffédé avec lui les biens qu'il a délaiffés ; qu'il n'eft pas befoin qu'il ait déclaré que telle était fa volonté ; que pour en hériter , il fuffit qu'il n'en ait point marqué de contraire : car ne pas le faire , c'eft affez dire que l'on veut avoir pour fucceffeur fes proches. Un tel indice n'eft pas moins refpectable par les vœux communs , que la déclaration la plus formelle , pour exclure quiconque n'aurait contre ces proches d'autre raifon que celle de les avoir prévenus en faififfant la fucceffion.

§. CDIII.

Quelquefois le propriétaire d'une chofe acquiert la propriété de celle qui appartient à autrui, en lui en rendant la valeur, lorfque par le fait de bonne foi de l'un des deux propriétaires, ou fans le fait de l'un ni de l'autre, les deux chofes fe trouvent tellement unies, liées ou incorporées l'une à l'autre, que la féparation de l'une d'avec l'autre, pour fuivre chacune leur propriétaire, ou n'eft plus poffible, ou ne le ferait qu'avec une dépenfe trop confidérable.

§. CDIV

Dans de tels cas, il faut que la propriété de la chofe la moins confidérable des deux, de la chofe dont l'aliénation eft la moins incommode pour fon propriétaire, de la chofe enfin, dont l'eftimation eft la plus aifée à faire, fuive la propriété de l'autre, moyennant le retour d'un équivalent. Que fi les chofes à cet égard font en égalité, ce qui réfulte de leur union confiftant en chofes divifibles, elles devront fe partager comme entre affociés à proportion des valeurs refpectives ; & fi la chofe n'eft pas fufceptible de divifion, il faudra tirer au fort, à qui fera propriétaire du tout, fous réferve du retour de la valeur de ce qui appartenait à l'autre.

§. CDV.

C'eft ainfi que fi je feme de bonne foi dans mon terrein de la femence appartenante à quel-

qu'un, j'acquiers cette femence, en en rendant la valeur à fon propriétaire ou de la même espece en même quantité. Et fi je feme de
mon grain dans le terrein d'un autre, le propriétaire de ce terrein deviendra propriétaire
de ce que j'y aurai femé, en me fatisfaifant à
ce fujet.

§. CDVI.

C'eft ainfi qu'ayant planté de bonne foi dans
mon terrein un arbre appartenant à quelqu'un,
j'acquiers la propriété de cet arbre, dès qu'il
y a pris racine, en payant à ce propriétaire la
valeur qu'avait fon arbre au moment qu'il a
été planté. Je deviendrai auffi propriétaire de
l'arbre que quelqu'un aura planté dans mon
terrein, dès qu'il y aura pris racine, & fous
une rétribution pareille.

§. CDVII.

Par le même principe, ce que j'aurai brodé de bonne foi fur l'étoffe d'autrui, ce que
j'aurai écrit fur le papier d'un autre, demeurera mien avec cette étoffe & ce papier, qui
font des chofes moins précieufes & d'eftimation plus aifée que cette broderie & cette écriture ; & je payerai la valeur de l'étoffe & du
papier à leur propriétaire, contre la décifion
de Juftinien, y ayant pour cela la même raifon que pour la peinture faite fur la toile appartenante à un autre,

§. CDVIII.

Si quelqu'un enchaſſe dans un anneau d'or
une pierre précieuſe qui m'appartienne, il ne
deviendra pas pour cela propriétaire de cette
pierre, quoi qu'en diſe l'Empereur Juſtinien :
ce ſera tout le contraire, par la raiſon que
l'anneau eſt peu de choſe au prix de la pierre
précieuſe.

§. CDIX.

Si quelqu'un, des raiſins d'autrui fait du
vin ; s'il triture les gerbes d'épis d'un autre
pour en ſéparer le grain, quoi qu'en diſe Juſtinien, il ne devient pas propriétaire du vin
ni du froment ſéparé de la paille : ces choſes demeurent plutôt au propriétaire des raiſins &
des gerbes d'épis, attendu que le prix de l'expreſſion de la liqueur qui était dans le raiſin, le
prix de l'excuſſion du froment qui était dans
les épis, eſt peu de choſe en comparaiſon de
la valeur de ces raiſins, de ces gerbes d'épis.

§. CDX.

Si de la matiere appartenante à un autre je
fais de bonne foi un ouvrage, dont la valeur
ſurpaſſe celle de la matiere ; quand même cette
matiere pourrait être réduite à ſa premiere forme, je demeure propriétaire de la forme que
je lui ai donnée, & le ſuis devenu de la matiere
par là - même, contre la déciſion de Juſtinien,
qui dit que le propriétaire de la matiere, non-
obſtant la forme qui vient de lui être donnée,
devient propriétaire de cette nouvelle forme ,

fi la matiere peut reprendre fa premiere forme,
Quoiqu'un Jupiter de bronze , puiffe redeve-
nir lingot comme il était , il n'appartiend ra
point au propriétaire du bronze ; mais à celui
qui en a fait ou fait faire un Jupiter , lequel
payera à celui - là la valeur de la maffe de bronze ; tout auffi bien que celui qui d'un bloc de
marbre a fait une ftatue qui ne peut plus rede-
venir la maffe d'où elle a été fculptée , eft devenu propriétaire de cette maffe , dont il bonifiera
la valeur à fon propriétaire.

§. CDXI.

Enfin fi je mêle mon vin avec celui d'un autre , d'avec lequel il ne peut être féparé , je
ne ferai pas pour cela moi feul propriétaire de
tous ces corps mêlés enfemble : il y aura com-
munion entre moi & le propriétaire de la partie mêlée avec la mienne , contre la décifion
de Juftinien ; & cela tout auffi bien que fi ce
mèlange fût arrivé par le concours de deux propriétaires , ou fans qu'il y eût du fait ni de l'un
ni de l'autre ; & la divifion du réfultat de ce
mèlange , fe fera à proportion de la valeurdes
chofes refpectives.

§. CDXII.

Quoique les chofes feches ne s'incorporent
pas de la même maniere que les liquides , cependant, en tant qu'elles feront de telle nature
& tellement mêlées , qu'elles ne puiffent fe fé-
parer fans une trop graude perte de tems & de
peine , il faudra tenir la même décifion à leur
égard , qu'à celui des chofes liquides ; quoi

qu'en dife Juftinien, qui laiffe les propriétés respectives au même état, par rapport aux chofes feches mêlées enfemble par hazard.

§. CDXIII.

En vertu du principe pofé ci-deffus, fi le terrein de quelqu'un vient à être porté fur le terrein d'un autre & à couvrir celui-ci, le propriétaire de ce dernier retiendra fa propriété, & payera à l'autre ce que peut valoir fon terrein déplacé de-là où il était, & n'étant pas fous fon ciel, à raifon de quoi il eft moindre en valeur, que la fuperficie ou la partie de ciel appartenante au premier & qui n'a pas changé de place.

§. CDXIV.

En tant que le fol vaut plus que ce qui y eft édifié, ce que l'on a bâti dans fon fol avec les matériaux d'autrui, demeure au propriétaire de ce fol, & les matériaux lui appartiennent tant qu'ils demeurent ainfi agencés. De même fi quelqu'un a bâti fur mon fol, qu'il poffédait de bonne foi, je puis, en rentrant en poffeffion du fol, devenir propriétaire du bâtiment, en payant le prix des matériaux, & ce qu'il a coûté de bâtir.

CHAPITRE XXIX.

De la possession considérée avec ou sans la propriété.

§. CDXV.

NOUS avons vu, (§. CCCLXXVIII.) qu'il est des choses qui continuent d'appartenir à leur maître à qui elles ont échappé, & qu'en les prenant en cet état, l'on n'en devient pas pour cela seul propriétaire, si même on ne les a ni interceptées ni prises par violence. Cependant, en tenant ouvertement la chose trouvée, tant que le droit acquis d'un tiers ne s'y oppose pas, l'on peut, en attendant que le propriétaire se donne à connaître, se servir de la chose trouvée à l'exclusion de tout autre. C'est là un droit de possession qui, sans être celui de la propriété, ne laisse pas d'en avoir, du moins en partie les avantages : les voici.

§. CDXVI.

Comme le propriétaire, à moins que quelqu'un n'y ait un droit acquis, ne doit compte à personne du dépérissement de la chose qui lui appartient, & du peu de soin qu'il aura eu de la conserver, il en sera de même du possesseur de la chose trouvée & tenue ouvertement : si elle vient à périr ou à se détériorer faute de soins, il n'en sera pas responsable, même au propriétaire qui se fera connaître après coup.

Il est vrai que l'humanité veut que l'on rende cet office au propriétaire encore inconnu, de soigner la chose trouvée, & de se donner garde de ce qui pourrait la rendre moindre ou la détruire; mais le devoir exigible se borne à ce qu'on s'abstienne de toute malice à cet égard : il n'est pas, que l'on fasse quelque chose en faveur du propriétaire, de qui la chose eût pu être laissée en lieu de perte, où elle avait été trouvée, & où elle n'était aux soins de personne.

§. CDXVII.

Ce qui reste de profit au trouveur, provenant des fruits sortis de la chose trouvée, il devra les rendre au propriétaire survenant, déduction faite de la valeur des soins qu'il y aura donnés, & des dépenses qu'il aura faites, en vue de cette chose & de ces fruits, & en vue du retour de cette chose à son propriétaire. Si les fruits qu'il en a tirés ne payent pas ces dépenses, il ne sera tenu de rendre la chose, qu'autant que le propriétaire lui en fera la récompense. Il ne sera pas tenu non plus de tenir compte des fruits dont il n'aura pas profité.

§. CDXVIII.

S'il n'y avait obligation à restituer les fruits de la maniere dont on vient de le dire, l'interception même serait souvent ainsi récompensée, la propriété serait trop exposée. Et si le trouveur était obligé à quelque chose de plus que ce qu'on vient dire ; s'il fallait qu'il demeurât perdant de quelque chose à l'égard

des

des dépenfes & des fruits dont il n'aura pas profité, il ferait tenté de poſſéder clandeſtinement,
ou du moins, pour concilier la conſervation
de ce qui eſt à lui, avec les droits du propriétaire, il laiſſerait la choſe en lieu de perte ; ce
qui ne ferait rien moins qu'avantageux aux
propriétaires.

§. CDXIX.

Il n'en eſt pas ainſi pour celui qui aura intercepté la choſe à fon propriétaire ; celui - ci
peut exiger qu'il lui en rende l'équivalent, ſi elle
n'exiſte plus, ſi elle n'eſt plus en ſa puiſſance,
par quelque accident qu'elle ait ceſſé d'être entre ſes mains, & de lui tenir compte de tous
les fruits qui ont pu fortir de la ſubſtance de
cette choſe ; il doit même dédommager le
propriétaire, de tout ce qu'il lui importe que la
choſe n'eût pas été interceptée, ainſi qu'on
peut le recueillir de tout ce qui a été dit au chapitre *de la réparation du dommage.*

§. CDXX.

Si en conſéquence des circonſtances requi-
ſes par la loi, pour acquérir la propriété dérivative, circonſtances extérieures que l'on
appelle le *titre d'acquiſition dérivative*, je reçois quelque choſe de quelqu'un qui n'en eſt
pourtant pas propriétaire ; ſi par exemple je
tiens la choſe à titre de donation, d'achat de
permutation, de partage d'aſſociation, d'héritier ou de légataire, je poſſéde bien cette
choſe à juſte titre ; cependant les vœux communs ne permettent pas que j'en fois par ce-

la feul propriétaire de la chofe que je tiendrais
d'une perfonne à qui elle n'appartenait pas ,
quoi qu'elle la poffédât ; ce qui n'eft appli-
quable qu'aux chofes dont on ne perd pas la
propriété , par cela feul qu'on aura ceffé de les
poffeder , ainfi qu'on l'a dit des chofes mobilieres , qui n'échappent point d'elles - mêmes
à la garde de leur propriétaire , & qui fe trouvent en lieu de perte : le trouveur n'en étant
point d'abord propriétaire, n'en pourra pas d'a-
bord tranfporter la propriété à un autre.

§. CDXXI.

A l'égard des immeubles , dans l'état de nature , & indépendamment des établiffemens
civils fur les propriétés contenues dans un territoire poffédé par la puiffance civile ; hors de
ce qui dépend de la fociété civile , dis-je , quoique la propriété d'un immeuble puiffe ceffer
avec la poffeffion , il faut fe rappeller , qu'elle
ne ceffe pourtant pas à l'égard de la perfonne à
qui, par difpofition de derniere volonté, la propriété a été attribuée par le maitre avant fa mort ;
enforte que le premier occupant ne fera point
propriétaire. Ajoutons encore ici , que l'on ne
fera point cenfé avoir ceffé de poffeder quand
on aura remis l'immeuble à quelqu'un pour le
tenir en notre nom , qu'on ne fera point cenfé
ne plus poffeder quand on continuera de pro-
tefter contre la violence avec laquelle quelqu'un nous aura chaffé de la poffeffion.

§. CDXXII.

Ainfi , dans l'état même de nature , fi , igno-

rant que quelqu'un possede l'immeuble au nom
d'un autre ; si ignorant que le possesseur actuel,
l'est devenu par la violence; si ignorant que quelqu'un s'est emparé d'un fonds contre le droit
de disposition de derniere volonté , & malgré
les protestations faites à tems & renouvellées
par celui à qui le défunt l'avait attribué , je reçois à quelque titre , l'immeuble de celui qui
le tenait de quelqu'une de ces manieres , alors,
non-obstant mon ignorance & ma bonne foi ,
je ne suis pas pour cela seul , devenu propriétaire de ce que jè tiens ainsi de cette personne.

§. CDXXIII.

Cependant , en attendant que j'aye la connaissance de ces particularités là , & de ce que
la chose n'appartenait pas à celui de qui je la
tiens , j'ai les avantages que nous avons dit
plus haut de la chose trouvée.

Si les fruits font encore attachés au fonds au
moment où le propriétaire survient pour l'é-
viction , ils suivront le fonds moyennant la
récompense de la nature. S'ils font déja cueillis , je dois les rendre au propriétaire , en tant
que j'aurai acquis le fonds à titre lucratif ; mais
si je l'avais acquis à titre onéreux , que ces fruits
cueillis foyent consommés ou non , je n'en
rendrais en nature ou en valeur , qu'autant
qu'il faut pour ne demeurer pas , aux dépens du
propriétaire , plus riche en retenant ces fruits ,
que je ne le ferais si jamais je n'avais acquis la
possession du fonds.

§. CDXXIV.

A l'égard des dépenses que le possesseur aura
faites sur le fonds, celles qui auront été nécessaires pour empêcher le dépérissement ou l'a-
moindrissement du fonds ; celles qui auront
ajouté au fonds une valeur, fût-ce même à
raison du plaisir, entant que par-là le fonds
pourrait trouver des acheteurs à plus haut prix;
ces dépenses dis-je, devront être récompensées
par le propriétaire, qui voudra évincer la possession. A l'égard de celles de plaisir, qui
n'augmenteraient la valeur du fonds, que relativement au possesseur qui les aurait faites,
elles ne devront pas lui être récompensées :
il pourra seulement ôter du fonds les objets de
ces dépenses, en tant que cela se pourra faire
sans le dégrader quant à la valeur qu'il a indépendamment de ces choses ajoutées ; ce qui
n'est que de plaisir, & qui n'acquiert de valeur
au fonds que relativement au possesseur, qui
n'est pas propriétaire, ne devant pas empirer
la condition du propriétaire évinçant, pour
qui ces choses ne sont d'aucune valeur.

§. CDXXV.

Tel est le droit du possesseur de bonne foi.
Mais celui qui s'est emparé du fonds par une
violence injuste ; celui qui tient la chose d'une
personne qu'il savait bien n'être pas propriétaire, quand il la recevait de lui, n'aurait pas
les avantages dont nous venons de parler. Il
tiendra compte de tous les fruits que le propriétaire eût pu retirer, s'il n'eût pas été pri-

vé de la poffeffion. Il ne pourra redemander
que les dépenfes néceffaires. Quant aux utiles
& à celles d'agrément, il ne pourra en reprendre les objets, qu'autant que cela n'apportera aucun préjudice à la chofe. Il fera d'ailleurs refponfable de tout dépériffement &
amoindriffement que la chofe aura fouffert par
fa faute ; ce qu'on ne peut pas dire du poffeffeur de bonne foi.

§. CDXXVI.

Doit-on tenir pour poffeffeur de mauvaife
foi, celui qui ayant d'abord reçu la chofe de
bonne foi, & dans l'opinion qu'il la tenait du
propriétaire, vient a apprendre dans la fuite
que la chofe appartenait à un autre ? Doit-on,
dis je, le tenir dès là pour poffeffeur de mauvaife foi avec les conféquences rapportées ci-
deffus ? S'il avait acquis la chofe à titre lucratif, ou fi, l'ayant acquife à titre onéreux, il
a été informé de l'état des chofes dans le tems
où il pouvait encore recourir utilement contre
fon auteur, contre celui de qui il tient la chofe, alors il doit être regardé comme poffeffeur
de maavaife foi, attendu qu'il a pu éviter le
conflict en évitation de perte avec le propriétaire. Mais fi, ayant acquis à titre onéreux,
il n'a été informé de l'état des chofes qu'après
coup & lorfqu'il n'était plus tems de recourir
utilement contre fon auteur, alors les vœux
communs étant comme en équilibre, quar
au conflict en évitation de perte, il ne p
pas être regardé comme poffeffeur de mai
foi, avec les effets dont on a parlé t

l'heure. J'excepterais pourtant ce qui regarde les dépenses de pur agrément , par lesquelles un possesseur , informé de l'état des choses après coup , chercherait à rendre onéreuse l'éviction du propriétaire. J'estime donc , que pour ces dépenses là qu'il aurait faites après connaissance du droit d'autrui , il ne peut pas plus les porter en compte que le possesseur de mauvaise foi. Je serais même porté à étendre cette décision aux dépenses utiles , par la raison que je viens d'indiquer.

§. CDXXVII.

De deux personnes qui ne pourront ni l'une ni l'autre prouver leur propriété, & dont l'une possédait auparavant , & l'autre actuellement , celle-là devra posséder , dont la possession aura eu le plus de caractères par où elle puisse ressembler à la propriété ou en approcher, ou la rendre la plus probable de son côté. Ainsi une possession plus longue sera préférable à une autre qui l'aura été moins : celui qui ne possede que depuis quelque jours un immeuble , le rendra à celui qui avant lui l'avait possédé pendant long-tems , & contre qui il aura d'ailleurs d'autre droit acquis. C'est ainsi que de deux possessoires l'un est meilleur & préférable à l'autre. J'ai pris ici l'exemple d'un immeuble : les choses mobilieres changent si souvent de propriétaire , que la durée de la possession plus longue , n'a pas de quoi la faire ressembler d'avantage à la propriété, plus que la possession moins longue ; tout autrement que la possession des immeubles , dont l'aliénation est plus rare & plus aisément connue.

§. CDXXVIII.

Si quelqu'un , sans être propriétaire , & sans avoir un possessoire meilleur que le mien , m'expulse de ma possession , ou me ravit la chose que je possede , ou me l'intercepte , il doit me céder la possession , si même je n'étais pas en état de montrer que je suis propriétaire : il suffit , pour qu'il soit obligé à cela , qu'il ne puisse montrer lui-même qu'il est propriétaire , ou qu'il avait possédé d'un possessoire meilleur que le mien.

CHAPITRE XXX.

De la prescription emportant propriété.

§. CDXXIX.

ENTRE un propriétaire & un possesseur qui ne l'est pas , quoique dans la bonne foi , ainsi que nous l'avons vu au chapitre précédent, s'agissant de savoir si celui-ci devra continuer à posséder & être ainsi tenu pour propriétaire , ou s'il devra abandonner la possession au premier , les vœux communs pour la décision d'une telle question, ont à considérer deux choses. De combien a-t-il été plus difficile au possesseur de bonne foi de n'être pas dans l'erreur de fait , sur ce qui a rapport à la propriété ,

qu'il ne l'a été au propriétaire de ne pas laisser
venir les choses au point favorable à l'opinion
de l'autre? Pendant combien de tems ce propriétaire a-t-il été hors de la possession, & ce
possesseur a-t-il possédé? Quel degré de force
par conséquent, a pu acquérir l'opinion où était
le possesseur qu'il avait la propriété? De combien encore serait-il fâcheux pour celui-ci de
renoncer à une possession à laquelle il a été accoutumé à proportion de la longueur de ce
tems? & combien peu d'autre côté, coûte-
rait-il au propriétaire de continuer dans une
privation à laquelle il est accoutumé, & sur laquelle il a pu s'arranger; tandis que le possesseur s'est arrangé sur l'opinion de sa propriété,
opinion que le tems a changée en persuasion?
Selon que ces considérations là prévaudront
du côté du possesseur, tel qui d'abord n'était
point encore propriétaire, le sera enfin au
bout du tems qui aura donné à sa possession le
degré suffisant par le résultat des considérations indiquées, pour exclure celui qui durant ce tems-là était encore propriétaire.

§. CDXXX.

A raison de cela, l'on voit déja, qu'il est
plus aisé d'acquérir des choses mobilieres par
usucapion, qu'il ne l'est d'acquérir ainsi des
fonds : à l'égard des premieres il est mal aisé
de deviner si celui de qui on les tient en est
propriétaire ou non, & si par conséquent on
en acquiert de lui la propriété ou non; ce
qu'on ne peut pas dire des immeubles, qui
changent rarement de main, & dont le mai-

tre par conséquent ne peut pas être ignoré
d'une ignorance autant invincible ; ensorte
que la considération de la durée de la possession,
est comme balancée par celle de la facilité qu'il
y a de s'informer du vrai propriétaire , & de le
connaître. Voilà pourquoi aussi , il faut une
plus longue possession pour acquérir par usucapion un immeuble , que pour acquérir une
chose mobiliere.

§. CDXXXI.

D'ailleurs , à considérer les choses par le
droit naturel tout seul , indépendamment de
tout établissement civil , comme le résultat des
considérations qu'on a faites ci-dessus , ne pourra être le même dans tous les cas de la possession des immeubles , ni dans tous les cas
de la possession des choses mobilieres , l'on ne
peut dire, que par ce droit naturel tout seul,
le tems pour acquérir ces choses-ci par usucapion , soit le même pour tous les cas , ni que
celui de la possession des immeubles pour les acquérir par usucapion , soit le même pour tous
les cas de possession des immeubles.

§. CDXXXII.

Cependant comme le calcul de ces considérations , si l'on voulait en prendre le résultat
tel qu'il s'en déduirait en chaque cas , serait
difficile à faire , ce n'est pas sans raison , que
les loix civiles se tenant à ce qu'il y a de plus
général , sans s'embarrasser de toutes lse diffé-
rences qui résulteraient de ces calculs , ont marqué un même tems pour tous les cas de pos-

session des choses immeubles , & un même
tems pour tous ceux des choses mobilieres ,
possédées de bonne foi.

§. CDXXXIII.

Si un possesseur , qui était d'abord dans la
bonne foi , vient à apprendre que j'étais propriétaire , cette connaissance lui étant venue
dans un tems où il pouvait recourir utilement contre son auteur , alors les vœux communs ne permettent pas qu'il puisse me renvoyer sous le prétexte qu'il possede depuis longtems ; puisqu'il eût pû , sans que je fusse privé de ce qui m'appartient , prévenir lui-même sa
perte. Mais si cette connaissance ne lui est venue qu'après coup , elle entrera en considération , pour affaiblir le résultat de ce qu'il s'est
arrangé sur ce qu'il continuait à posséder , continuation qui n'était plus accompagnée de l'opinion de propriété. Néanmoins comme il est
assez naturel qu'un homme engagé malgré lui
dans un conflict en évitation de perte , cherche à éviter qu'elle ne tombe sur lui , les
vœux communs n'empêcheront pas absolument qu'il n'acquiere enfin par une longue
possession , avec plus ou moins de facilité , selon
qu'il aura été plus ou moins tard désabusé de
son opinion.

§. CDXXXIV.

Le droit Romain n'avait aucun égard à la
durée de l'opinion de propriété : il suffisait
qu'elle eût eu lieu dès le commencement. Le
droit canonique veut qu'elle ait continué jus

qu'au tems déterminé par la loi pour la durée
de la poffeffion. Il me paraît que ces deux dé-
cifions oppofées, pourraient être tempérées
l'une par l'autre, au moyen de la diftinction
que je viens de faire tout-à-l'heure.

§. CDXXXV.

Il n'y a nul doute, que celui qui a pris poffeffion par la force, fans raifon de droit pour
l'excercer ; qui a intercepté ; dont la poffeffion
n'a été précédée d'aucun titre, ne peut acquérir par ufucapion, parce qu'il n'a pu, ni dû
avoir opinion qu'il fût propriétaire, & que
dès-là les confidérations fur lefquelles feules
l'ufucapion repofe, ne fauraient faire en fa faveur, vis-à-vis d'un propriétaire qui n'aura
point renoncé à fon droit.

CHAPITRE XXXI.

Des droits attachés à la propriété, de leurs limi-
tes naturelles & de celles dans lefquelles on
peut les refferrer dans la fuite.

§. CDXXXVI.

LA propriété confidérée comme telle fimplement, emporte ainfi que nous l'avons vu,
le droit d'exclure tout autre homme de tout
ufage qui ferait tel ; que fi chacun y était ad-
mis, celui du propriétaire ferait diminué ou
même rendu nul ; le droit d'empêcher tout au

tre de faire fur cette chofe ce qui, fi chacun le pouvait faire, rendrait nul notre ufage ; le droit de tenir la chofe a portée de fes ufages ; le droit d'en difpofer en tout ou en partie en faveur de quelqu'un ; le droit de confommer cette chofe, fans que perfonne, qui n'aura aucun droit acquis pour cela, puiffe nous en demander raifon, ou nous en empecher, même fous le prétexte que nous n'en ufons pas à notre avantage ; le droit de faire fur ce qui nous appartient, non pas tout ce que nous voudrions ; mais autant que les vœux communs peuvent permettre à un propriétaire, comme tel fimplement, de faire certaine chofe qui même empêcherait à un autre de faire telle ou telle autre chofe, ou le contraindrait indirectement à faire de fon côté ceci ou cela. Voyez ci-devant, (§. CCLXVII.) ce qui a été dit de la liberté naturelle, & qu'on peut appliquer auffi à la propriété, en ajoutant que nul propriétaire comme tel n'eft tenu à faire fur ce qui lui appartient, ou de ce qui eft à lui, quoi que ce foit en faveur de quelqu'autre perfonne.

§. CDXXXVII.

Mais ces différens droits, qui font des fuites naturelles de la propriété confidérée comme telle fimplement, peuvent en être féparés les uns ou les autres jufques à ne laiffer au propriétaire que l'ombre de la propriété ; ce qui ayant fait reffembler à la propriété le droit de celui qui n'eft pas, à parler proprement propriétaire, l'on a appellé *domaine* de part & d'autre les droits qui reftent à quelqu'un de fa propriété, & ceux qu'un autre a en limitation de ceux-là. C'est ce qu'on voit dans l'exemple du domaine direct & du domaine utile. Celui-ci qui n'est qu'une limitation de l'autre, est le droit de tirer pour toujours tous les usages de la chose, & le prix même de la vente à laquelle le maître direct aura consenti; lequel maître direct ne reprend la propriété pleine que dans de certains cas, comme lorsque le maître de l'utile manque au payement d'une certaine finance qu'il doit pour marque de la dépendance de son droit par rapport au domaine direct, &c.

Quelquefois le droit de tirer les fruits de la chose appartenante à un autre, ne dure que pendant un tems limité, comme pendant la vie de celui qui l'a; ce que l'on nomme *usufruit*, & qui fait partie de l'un des droits de servitude réelle dont on va parler dans ce chapitre.

§. CDXXXVIII.

Le droit que le propriétaire a naturellement de transférer sa propriété à un autre, se trouvera diminué par celui qu'un tiers aura de l'en empêcher, pour l'avantage même du propriétaire, comme dans les cas d'un pupile, qui ne peut disposer de ses affaires sans l'autorité d'un tuteur. Ce droit sera limité pour l'avantage de celui qui peut empêcher une telle aliénation, comme dans les cas du droit d'hypotheque, & dans les cas du droit de gage, qui déroge aussi au droit que le propriétaire a naturellemant de tenir par devers soi ce qui lui

appartient. On aura occafion de parler ailleurs
de ces deux derniers droits.

§. CDXXXIX.

Le droit que le propriétaire a naturellement, de faire jufqu'à un certain point ce qu'il
veut, dans ce qui lui appartient; de n'en
faire & de n'y faire rien de ce qu'il ne veut pas
faire; d'empêcher tout autre homme d'en faire
& d'y faire quoique ce foit; ce droit dis - je,
peut être limité par celui qu'on appelle droit
de fervitude *des chofes*, par lequel, tel qui
n'eft point propriétaire, peut néanmoins,
foit pour fa perfonne feulement, ce qui eft le
cas de la fervitude *perfonnelle* ou de la chofe à
la perfonne, foit à raifon de ce qu'il eft propriétaire d'une autre chofe, ce qui eft le cas
de la fervitude *réelle*, ou de la chofe à la chofe, empêcher celui à qui l'une de ces chofes
appartient, d'y faire ceci ou cela, ce qui eft
le cas de la fervitude *négative*, quelquefois
obliger ce propriétaire à faire certaine chofe,
ou à fouffrir qu'il foit fait ceci ou cela dans ce
qui lui appartient, qu'il en foit tiré tel & tel
profit, tel ou tel ufage, ce qui eft le cas de la
fervitude *affirmative*. L'on comprend bien,
que le droit de fervitude perfonnelle, ne faurait appartenir à tout homme quelconque, &
que le droit de fervitude réelle fur une chofe,
dont on n'eft pas propriétaire, n'appartient
pas à quiconque l'eft d'une autre chofe ou d'un
autre fonds quelconque; car dès - là il s'en fuivrait qu'il n'y aurait au monde, ni ne pour

rait y avoir aucune propriété , (§. CCCLXXI.
à la fin.).

§. CDXL.

Dans les cas de la servitude réelle d'héritage
à héritage, celui des deux à qui l'autre est as-
servi s'appelle l'héritage *dominant*, & cet autre
s'appelle l'héritage *servant*. C'est à raison de
l'heritage dominant, que le droit Romain éta-
blit toutes les différentes especes de servitudes
réelles ou des héritages. Par exemple la servitude d'héritage rustique est celle par où un
fonds est assujetti à l'utilité d'un héritage rustique ; la servitude d'héritage de ville est celle
par laquelle un fonds est assujetti à l'utilité ou
aux agrémens d'un héritage de ville &c.

§. CDXLI.

Ce n'est pas ici le lieu de parcourir toutes
les différentes especes de servitudes tant per-
sonnelles qne réelles. Contentous - nous de ce
qu'il y a de plus général, & faisons d'abord
sentir par des exemples, ce que nous venons de
dire plus haut. Le propriétaire d'un héritage a
naturellement, en cette qualité, le droit d'en
faire tous les fruits siens, si quelqu'un d'autre a pour sa personne le droit d'en jouir , ce
qui est le cas de la servitude d'*usufruit* : voilà
une servitude personnelle; elle est en même
tems une servitude *affirmative* , parce que l'u-
susfruitier soutient avoir droit de jouir pen-
dent sa vie de cet héritage , quoiqu'il ne lui appartienne pas. Il est naturel que le propriétaire
d'un fonds , puisse empêcher celui d'un autre

fonds , d'amener dans celui-ci des eaux en les
faifant paffer par le fonds du premier au moyen
d'un aqueduc qu'il y ferait conftruire ; mais
il eft des faits qui peuvent avoir apporté quelque changement à ce droit - là ; enforte que je
pourrai à raifon de ces faits - là , conduire par
le fonds de quelqu'un , les eaux dont je veux
égayer le mien. Le propriétaire d'une métairie
n'eft point obligé naturellement , d'employer
fes bêtes de fomme pour la mienne ; mais à raifon de certains faits il pourra y être obligé.
Voilà deux exemples de fervitude réelle , qui
en même tems eft affirmative. Le propriétaire
d'un fonds peut naturellement bâtir fur ce
fonds dans le voifinage de mon bâtiment , en
tant qu'il n'en obfcurcit pas les jours ; il peut,
dis - je , le faire quand même il me dérobe la
vue d'un riant côteau ; mais je puis à raifon
d'un certain fait , avoir le droit de l'empêcher
de bâtir là , ainfi que naturellement & fans ce
fait , il aurait pu y bâtir. Voilà encore un
exemple de fervitude réelle , mais de fervitude
négative

§. CDXLII.

Le fait qui , ainfi que nous l'avons dit , peut
indroduire une fervitude dérogeante à ce qui eft
une conféquence de la propriété , fera la volonté du propriétaire du fonds affervi , ou la
volonté de celui de qui le propriétaire actuel
tient ce fonds fervant ; ce peut être auffi la
prefcription : la fervitude s'acquiert donc par
convention , par difpofition de derniere volonté

lonté & par preſcription ou uſucapion ; c'eſt
ſur quoi l'on ne s'étendra pas pour le coup.

§. CDXLIII.

Mais avant que de quitter cette matiere,
nous obſerverons deux choſes ; que dans le
doute, la ſervitude n'eſt pas, que le propriétaire d'un fonds faſſe pour l'utilité de l'autre
quelque choſe du ſien, ou dans le ſien ; ce
dont on verra la preuve dans l'interprétation
des conventions & des dernieres volontés.
L'autre obſervation eſt, que des deux fonds
dont une même perſonne eſt propriétaire, il
n'y a pas ſervitude de l'un à l'autre ; *quod ue-
mini propria res ſervit*. Ainſi le propriétaire
d'une métairie, pour aller dans une autre qui
lui appartient, tire de celle-là du bois pour
bâtir dans cette autre ; c'eſt-là un effet, non
pas d'une ſervitude qu'il y ait de l'une de ces
métairies à l'autre ; au contraire, c'eſt l'effet
de ce qu'il eſt maître de l'une & de l'autre, &
que ſa propriété à cet égard, n'eſt limitée ni
diminuée dans ſes effets naturels, par le
droit de qui que ce ſoit. La conſéquence qui
naît de cette obſervation, c'eſt que s'il vient
à vendre à quelqu'un la métairie par laquelle
il paſſait pour aller à l'autre, à laquelle il peut
être ouvert un autre paſſage, la métairie de laquelle il tirait du bois pour bâtir ou pour paliſſader dans l'autre, il ne pourra pas après
avoir vendu celle-là, continuer à y paſſer
pour aller à celle qu'il retient, continuer à tirer du bois de celle-là, pour paliſſader dans
celle-ci, ſous prétexte de ſervitude qui eût

continué comme du paſſé. De même l'acheteur de la métairie à laquelle on allait, en paſ-
ſant par l'autre, où l'on paliſſadait, du bois
tiré de l'autre qu'il n'a pas achetée, ne peut
ſous ce prétexte-là, paſſer cette autre métairie, ni en tirer du bois pour la ſienne qu'il
vient d'acheter.

CHAPITRE XXXII.

*De la convention en général, comme moyen
d'acquérir des droits, ou d'apporter des changemens aux droits reſpectifs des hommes.*

§. CDXLIV.

O N peut acquérir ou perdre des droits de
propriété ou autres par le moyen de la *convention*, laquelle auſſi peut être appellée contract,
en tant que par elle on ſera entré en quelque
obligation où l'on n'était point auparavant.
L'on donne le nom de convention à cet acte par
lequel deux ou pluſieurs perſonnes, s'accordent
à déclarer qu'elles veulent que tels & tels de
leurs droits reſpectifs ſubiſſent tel & tel changement : pour cela, il eſt fait d'une part l'acceptation d'une offre qui eſt faite d'autre part.
Des deux côtés, & l'offre & l'acceptation en
tant qu'elle porte que l'on fera ceci ou cela,
qu'on s'abſtiendra de telle ou telle choſe, prend
le nom de *promeſſe*. Cette promeſſe exprimée
par l'offre ou par l'acceptation faite aux fins

d'apporter un changement au droit de celui
qui la fait, & d'en acquérir un à l'autre, s'appelle une promesse *parfaite*, par difference d'a-
vec un autre acte qui ne se fait point dans ce
sens là, & qui n'est qu'un témoignage de bonne volonté par rapport à une chose, sur laquelle
on ne renonce point au droit que l'on a de la
faire ou de ne la faire pas.

§. CDXLV.

Une convention est *gratuite* de la part de
quelqu'un, pour autant qu'entre lui & l'ac-
ceptant, il est entendu que les droits de celui-
ci ne souffriront aucune diminution réciproque, ou n'en recevront pas une équivalente.
Dans le premier cas la convention est toute
gratuite ; dans l'autre elle est gratuite en partie, comme lorsqu'au lieu de donner ma maison pour rien, je la donnerai pour la moitié
de sa valeur, & qu'elle sera acceptée sur ce
pied, avec déclaration de sensibilité à mon
procédé. Une convention au contraire, est *intéressée* de la part de quelqu'un, en tant que
son acceptation ne porte qu'une réciprocation
de diminution de droits de sa part, ou lorsqu'elle n'en porte aucune. Dans le premier cas
la convention est intéressée des deux parts ;
dans le second, elle est intéressée d'un côté, &
désintéressée de l'autre.

§. CDXLVI.

Si avant que j'aye accepté une offre conven-
tionelle, qui m'aura été faite, le retirement
de cette offre m'est parvenu, je ne puis par

une acceptation donnée après coup , faire paſ-
fer les choſes aux termes de convention , ni
prétendre par ce moyen , que celui qui avait
fait l'offre , ſoit obligé de s'y tenir.

§. CDXLVII.

Quand l'offre a été addreſſée a une perſonne
abſente , la révocation qui ne lui en parviendra qu'après qu'il aura expédié l'acceptation ,
ſi même celle-ci ne parvient à l'offrant qu'a-
près l'expédition de ſa révocation , n'eſt point
ſuffiſante pour empêcher que la choſe n'en ſoit
venue aux termes d'une convention obliga-
toire , s'il n'y a d'ailleurs d'autres raiſons qui
l'empêchent. Il faut ſuppoſer ici, que celui qui
avait à accepter, n'aura pas été en retard, comme lorſque l'offrant lui aurait marqué un terme
d'acceptation , après lequel ſeulement cette acceptation aurait été expédiée.

§. CDXLVIII.

Si menaçant quelqu'un d'un mal que je n'ai
pas droit de lui faire , ou ſi lui faiſant ſouffrir
un tel mal , je le force aux actes extérieurs de
conſentement conventionnel , ils ne ſuffiront
point pour m'autoriſer à prétendre qu'il ſoit lié
à titre de convention à s'en tenir à ce qui était
repréſenté ou fait par ces actes ; euſſent-ils été
faits avec ſerment , je n'en ai pas plus de droit
pour cela : s'il eſt obligé dans cette derniere
circonſtance , c'eſt de devoir de pure piété ,
purement conſcientieux , à la vérité extrème-
ment reſpectable , mais qui n'eſt nullement
exigible ou de droit contentieux ; les vœux com-

muns ne permettent pas que la méchanceté
portée à son comble, par l'extorsion d'un serment, pour soutenir l'extorsion injuste d'une
promesse, fasse acquérir un droit que celle - ci
ne fait point acquérir.

§. CDXLIX.

Si je suis informé de la menace injuste par laquelle un homme est forcé à faire avec moi une
convention, à laquelle je pourrais me refuser
sans le laisser exposé au mal dont il est menacé,
je ne puis pas par une telle convention, acquérir aucun droit à son préjudice: ce serait prétendre avoir acquis un droit, en conspirant à
son dommage, ce qui est absurde.

§. CDL.

Mais si j'ai ignoré ces circonstances, ou si
m'étant connues, elles ne sont pas telles qu'elles eussent cessé, si je n'eusse point voulu m'en
prévaloir, le promettant ne peut point, sous
le prétexte de ces circonstances de crainte, refuser de se tenir à la convention qu'il a faite
avec moi. Celui qu'un voyageur a pris pour
escorte, ne peut pas refuser à celui - ci le salaire promis, sous prétexte que cette convention était l'effet de la crainte des larrons : l'escorte en refusant d'escorter, n'aurait pas fait
cesser cette crainte ; au contraire, & il n'était
pas tenu à la faire cesser autrement qu'il n'a
fait, sous la condition d'un salaire promis.

§. CDLI.

Qu'un enfant, un homme dans un état de démence, de fureur ou d'yvreſſe, faſſe à mon égard des actes extérieurs conventionnels, ces actes - là ne m'autoriſeront pas à prétendre avoir acquis quelque droit à titre de convention : je ſavais ou devais ſavoir que la volonté, qui ſuppoſe l'intelligence de ce dont il s'agiſ-ſait, n'a pu y avoir aucune part.

§. CDLII.

Si quelqu'un étant dans l'erreur ou dans l'i-gnorance ſur les choſes qui le regardent, ſe détermine en conſéquence à contracter avec moi, une telle erreur, une telle ignorance ne ſont point des cauſes ſuffiſantes, qui l'autori-ſent à ne pas ſe tenir aux termes de la conven-tion, quand même j'aurais eu connaiſſance de l'état de ces choſes - là. S'il ne fallait que cela pour anéantir un contract quand on le voudrait, il n'y aurait rien de ſtable, on prétexterait des motifs tirés de l'état de ſes affaires connus de l'autre contractant, qui n'eſt point obligé d'y avoir égard.

§. CDLIII.

Ce n'eſt pas comme ſi j'euſſe induit en er-reur cette perſonne ſur l'état de ſes propres af-faires, pour la porter à contracter avec moi : alors je ne pourrai rien prétendre à titre de convention.

§. CDLIV.

Si quelqu'un qui contracte avec moi , le fait par ignorance ou par erreur fur l'état des chofes qui font hors de celle qui fait la matiere de la convention , & duquel il éclorra un événement qui influera fur celle - ci , quand même je n'ignorerais pas moi - même ces circonftances , cela ne fuffira point pour que cette perfonne foit en droit de ne pas tenir la convention. Tel eft le cas d'un homme qui achete pour argent comptant une métairie , fur laquelle le vendeur prévoit que le pillage pourra être exercé dans une guerre dont il prévoit la déclaration ; tel eft le cas d'un marchand qui fait emplette de certaines marchandifes dont le vendeur prévoit la baiffe de prix , à raifon de la connaiffance qu'il a d'une prochaine publication de paix , ou de la prochaine arrivée d'une flotte chargée de cette efpece de marchandife : exemple rapporté par Ciceron , dont je ne crois pas d'ailleurs devoir fuivre la décifion , parce qu'il s'en fuivrait que les contracts hazardés , qui font de la nature de ceux dont nous parlons ici , ne feraient jamais ftables & dépendraient de l'événement ; ce qui, pour éviter un inconvénient , jetterait dans d'autres encore plus embarraffans.

§. CDLV.

Ce fera autre chofe , fi j'ai ufé de quelque fupercherie pour en impofer à mon contractant , en lui repréfentant à faux l'état des chofes , en fuppofant de faux avis , &c. Mais il ne faut pas non plus , comme le fait Ciceron , confondre ce qui est de pure vertu avec ce qui est de droit extérieur ou de devoir contentieux. A ce dernier égard , il suffit que je n'aye point jetté le contractant dans l'erreur.

§. CDLVI.

Si ce qui a fait la matiere du contract, se trouve n'avoir pas les qualités entendues & supposées naturellement & à l'ordinaire, dans les contracts qui ont pour objets des choses de l'espece dont il s'est agi , le contractant n'est pas obligé de s'y tenir , si le contraire n'a été réservé : il peut m'opposer d'erreur , soit qu'il ait erré lui seul , soit que j'aye erré avec lui sur ces qualités-là. C'est ainsi que l'acheteur d'une maison, qui se trouvera remplie d'insectes dangereux, sans qu'on lui en ait donné connaissance , ne sera point obligé à tenir la maison pour achetée & vendue. Il en sera de même à plus forte raison , si moi - même j'avais connaissance de ces défauts , en gardant le silence , ou si j'avais usé de supercherie ; & alors il est au choix de la partie lézée , de tenir toute la convention pour nulle, ou de la corriger , en ramenant les choses à leur valeur commune respective.

§. CDLVII.

Mais si l'un des contractans , sans que l'autre fasse rien pour supposer , à ce dont il s'agit , des qualités que la chose n'a pas , suppose de ces qualités -là en se trompant , ou ne s'avise pas de penser si elle les a ou non , alors ces qualités n'ayant pas été réservées, il ne peut pas, sous le prétexte de son erreur ou de son ignorance, ou de ce qu'il n'y avait pas bien pensé, refuser de tenir la convention, quand même son erreur & son ignorance auraient porté sur des particularités que je n'ignorais point. Si cela était, il n'est aucun contract qu'on ne pût éluder par de tels prétextes, ce qui serait contre les vœux communs. Il suffit donc, pour autoriser à insister sur ce qui a été fait, que je n'aye point usé de mensonge, que je n'aye rien fait pour jetter dans l'erreur, & qu'il n'ait pas réservé ces qualités, sur lesquelles je l'aurais même laissé dans l'ignorance.

§. CDLVIII.

Mais si je lui présente les choses comme ayant des qualités qu'elles n'ont pas, alors c'est de ma part une supercherie qui l'autorise à ne point tenir la convention. Tel est l'exemple du Chevalier Romain qui achete d'un Banquier de Syracuse une campagne que celui-ci lui avait fait croire enrichie par une riviere tres-poissonneuse.

§. CDLIX.

Voilà à quoi s'en tiennent les termes du droit extérieur & du devoir contentieux. Les regles de vertu peuvent porter les choses plus loin, & à ne pas profiter de l'ignorance à laquelle on n'a pas même contribué, sur ce qui n'est pas naturellement entendu dans les conventions de l'espece de celle dont il s'agit entre les contractans.

§. CDLX.

Dans le cas où l'un & l'autre ,contractant ont été dans la bonne foi , dans l'ignorance ou dans l'erreur fur les qualités entendues tacitement , ou fur celles qui auront été expreffément réfervées dans la convention , alors il faut diftinguer fi ces qualités font effentielles , ou fi elles font incidentelles : j'entens par *effentielles* ces qualités en vue defquelles on s'eft porté à contracter ; enforte que fi on ne les eût pas fuppofées, le contract ne fe ferait point fait abfolument. Les qualités *incidentelles* au contraire , font celles en vue defquelles on a contracté fur un tel ou tel pied ; enforte que fi on ne les eût pas fuppofées , le contract , à la vérité , aurait été fait , mais fur un autre pied. Dans le premier cas , celui des contractans qui voudra que la convention foit du tout nulle , & que les chofes reftent ou foyent remifes au même état où elles étaient avant la convention, fera fondé à le vouloir ainfi. Dans l'autre cas , l'on pourra feulement demander que le contract foit corrigé , en ramenant les chofes à la valeur commune refpective de ce qui a été mis de part & d'autre en convention. Celui qui refuferait de reconnaître cette nullité ou ce droit de correction , ferait dans le cas d'un homme qui prétendrait que l'on fe tient à une convention toute autre que celle qui a été faite. D'autre côté l'effet de nullité & celui de correction, felon la différence de l'erreur effentielle d'avec l'erreur incidentelle , eſt fondé ſur les vœux communs , qui veulent , qu'entre deux perſonnes qui ſont également dans la bonne foi , & où il faut que l'une ou l'autre ſouffre quelque inconvénient , il y ait lieu au plus petit plutôt qu'au plus grand. C'eſt ainſi que dans le cas de l'erreur eſſentielle , il y a moins d'inconvéniens pour l'un des contractans , à ce que la convention ſoit nulle , qu'il n'y en aurait pour l'autre , à ce qu'il fallût ſeulement la corriger. Au contraire , dans le cas de l'erreur incidentelle , il y a moins d'inconvénient pour l'un des contractans , à prendre le parti de la correction , qu'il n'y en a pour l'autre à ce que tout ſoit nul.

§. CDLXI.

Au reſte , dans le cas de la correction dont on vient de parler , ce n'eſt pas à la valeur particuliere ou d'affection qu'il faut avoir égard , ainſi qu'on le fait dans le cas du dommage à réparer , (§. CCCIV.); mais uniquement à la valeur commune. Autrement l'on pourrait ſous ce prétexte éluder la correction , ou prétendre en faire une à ſon avantage & au déſavantage de l'autre partie , en eſtimant ce que l'on a mis en convention , ſur le pied d'une valeur particuliere ou d'affection , dont il n'aurait pas été fait mention , ce qui ſerait perpétuellement un moyen de ſurpriſe , contraire aux vœux communs.

§. CDLXII.

Si dans une convention , l'un des contractans

promet à l'autre une chose que celui - ci fait ou doit savoir être physiquement impossible, ou contraire au droit d'autrui , il n'y a nul doute que la convention ne soit sans effet. Mais si le promettant seul , connaissait cette impossibilité , sans que l'autre fût obligé de la savoir ; si cette impossibilité était survenue par le fait du promettant après la convention , ce qui peut aussi se dire de l'impossibilité d'une chose en tant que contraire au droit d'autrui, comme dans le cas de la chose vendue à un premier & délivrée à un second acheteur , (§. CCCXC.) ; alors le promettant sera , par la convention , obligé à l'indemnité , c'est - à - dire, à dédommager sa partie de tout ce qu'elle souffre de perte , pour avoir compté sur l'exécution d'une telle promesse devenue illusoire.

§. CDLXIII.

Il en faut dire de même , si la chose est devenue impossible par la faute du promettant , ou s'il a pu & dû prévoir une telle impossibilité dans le tems qu'il promettait.

§. CDLXIV.

Mais si la chose est devenue impossible sans qu'il y ait de sa faute , & sans qu'il ait pu ni dû le prévoir ; alors il ne sera pas obligé d'indemniser.

§. CDLXV.

Il y a plus : il aura droit de tenir pour acquittée sa promesse , si elle est devenue impossible par le fait de celui à qui elle était faite , moyennant que le promettant tienne d'ailleurs compte de ce qu'il lui en aurait pu coûter de mettre cette promesse en exécution.

§. CDLXVI.

Que ce qui est promis soit contraire au droit d'autrui, ce n'est point là une raison suffisante pour en refuser l'exécution, & pour mettre à la place un équivalent, si celui au droit de qui la chose est contraire, renonce à son droit. *Propriam turpitudinem alleganti non datur exceptio.*

§. CDLXVII.

Ce qui choque les mœurs, les bienséances communes, ne peut être exigé à titre de convention, & celui qui en vue d'une telle promesse a donné ou fait quelque chose, n'est pas fondé à le répéter ou à en demander satisfaction à celui qui manque à une telle promesse ; comme aussi celui qui l'aurait exécutée, n'est pas fondé à exiger ce qui a été promis en vue de cela ; attendu que les vœux communs ne souffrent point que l'on puisse compter sur de telles conventions : ils veulent au contraire qu'il y ait plutôt à perdre qu'à gagner quelque chose, pour celui qui les aura faites, & que les hommes demeurent à cet égard dans une défiance réciproque, qui les détourne de ce qui pourrait les exciter à choquer ces bienséances. Dans l'état civil il est des bienséances introduites communes à tous les membres de la société, ou particulieres à un certain ordre de citoyens, contre lefquelles on ne laiffe aux conventions aucun effet de droit.

§. CDLXVIII.

Il eft des conventions, dont chacun des contractans peut fe retirer malgré l'autre, en libérant celui - ci de ce dont il s'était chargé, qu'il n'aura pas encore fait, & en tant que par - là fes affaires feraient au même état que fi la convention n'eût pas été faite, ou qu'à ce défaut, on l'en indemnifera pleinement. Telle eft la convention qui a pour objet une chofe, qui fera l'effet de ce que l'un des contractans fe charge de faire, pour avoir en conféquence de l'exiftence de cet effet, un droit d'exiger ou de retenir ce qui lui aura été donné ou promis en réciproque. C'eft ainfi par exemple, que je puis me retirer de la convention que j'aurai faite avec un architecte, par laquelle il était entendu qu'il me ferait bâtir une maifon, fur un tel plan, pour une telle fomme, comme auffi l'architecte de fon côté peut s'en retirer, en me rendant ce qu'il aura reçu, en me libérant de ce que je lui aurai promis, & en m'indemnifant de ce dont je pourrais être en fouffrance, pour n'avoir pas été averti à tems ; comme de mon côté, fi c'eft moi qui veux me retirer de la convention, je pourrai lui redemander ce que j'aurai donné pour cela, obligé d'ailleurs de l'indemnifer de tout ce qui lui importe de n'avoir pas été averti à tems de mon changement de réfolution. L'inconvénient qui peut réfulter pour chacun, de cette liberté de changement, à l'égard de cette

eſpece de contract , n'eſt pas auſſi grand que celui qu'il y aurait à ce qu'on ne pût s'en retirer:
prétendre gêner un contractant à s'y tenir , ce
ferait donner dans le ridicule des médecins de
la comédie de Mr. de Pourceaugnac , leſquels
voulaient que celui-ci demeurât comme hy-
pothèqué à leurs remedes.

§. CDLXIX.

Mais ſi à cauſe de ce que quelqu'un a fait , ou à
cauſe de ce qu'il a donné ou promis donner une
choſe actuellement exiſtante ou une quantité de
celles qui exiſtent & dont il eſt beaucoup , comme par exemple dix mille écus ; ſi à cauſe d'un
droit qu'il m'a donné ſur une choſe actuellement exiſtante , ou ſur ce qui pourra en pro-
venir ; ſi dis-je , de mon côté , je lui ai donné ou promis donner une choſe exiſtante actuellement , ou une quantité de celles qui exiſtent ; ſi je lui ai donné un droit ſur une choſe
exiſtante ou ſur ce qui en proviendra , je ne
puis pas retirer à moi le droit que je lui ai
donné , la promeſſe que je lui ai faite ; je ne
puis pas , dis-je , faire ce retirement , ſi je
n'ai d'autre raiſon que mon changement de
volonté , & la diſpoſition où je ſuis d'y ſatiſ-
faire par quelque choſe d'équivalent à ce à quoi
j'avais conſenti , ni ſous le prétexte que je me
retire encore à tems , avant qu'il ait pris des
arrangemens en conſéquence de la convention,
ni ſous le prétexte de l'indemnité que je lui of-
frirais à ce ſujet ; car dans les conventions de
l'eſpece dont il s'agit ici , il n'y a pas , comme
dans celles de l'article précédent , les mèmes

raiſons pour la liberté du retirement, ſous
réſerve d'indemnité : ſi cette liberté avait lieu
dans les conventions dont nous parlons ici,
il n'y en aurait abſolument aucune de ſtable,
ce qui mettrait le commerce des choſes dans
une confuſion inſupportable.

§. CDLXX.

Lorſque deux ou pluſieurs promettent enſemble une ſeule & même choſe, comme il
eſt entendu qu'elle ne ſe fera pas par autant
de diviſions qu'il y a de promettans, cenſés
un ſeul & même débiteur, il s'en ſuit, que le
créancier a droit d'exiger de qui d'entr'eux
il lui plait, ce qui eſt promis par tous enſemble.

CHAPITRE XXXIII.

Des conditions ſous leſquelles on fait des conven-
tions.

§. CDLXXI.

EN tant que dans une convention, il eſt
entendu que les choſes ne ſeront miſes à l'état
marqué par la convention, ou qu'elles ne ſeront laiſſées à l'état de droit où la convention
vient de les mettre, qu'autant qu'une certaine choſe ſe trouvera avoir lieu, c'eſt-là une
condition qui influe ſur la convention. Dans
le premier de ces cas, la condition eſt ce qu'on

appelle

appelle *suspensive* ; dans l'autre cas , elle est *résolutive*.

§. CDLXXII.

Ce qui est promis par l'un des contractans à l'autre , doit être regardé comme une condition sous laquelle il est entendu , que ce qui a été fait ou promis en vue de cela , ne devra se faire ou demeurer tel qu'il est fait , qu'autant que celui - là tiendra sa promesse. Alors le fait qui est mis en condition, n'a pas seulement la qualité de condition , telle qu'on l'a représentée ci - dessus : il est de plus une chose à quoi l'un des contractans peut être contraint par l'autre qui sera prêt à s'acquiter de son côté , ou qui l'aura déja fait , à moins qu'il ne s'agisse de contracts d'où il est permis de se retirer , tels que ceux dont on a parlé au chapitre précédent , (§. CDLXVIII.).

§. CDLXXIII.

Mais quelquefois le fait dont il s'agit n'est point entendu dans le sens qu'on vient de dire , & ne l'est que dans celui de *condition* seulement , soit que la condition représente le fait de celui à qui la promesse est faite , ou qu'elle représente le fait de l'un & de l'autre , ou le fait d'un tiers , ou quelque événement qui ne dépend de personne.

§. CDLXXIV.

Je dis donc que quelquefois la condition simplement telle , représente le fait du promettant , comme lorsque je promets à quelqu'un que si je me marie cette année, je prendrai sa maison à un tel prix. Ce mariage n'est mis là que pour condition, & non pour une chose à quoi l'on s'oblige : je suis libre de me marier ou de ne point le faire, & de ne point donner lieu ainsi à la condition sous laquelle je serais obligé à prendre la maison à un tel prix ; mais me mariant, je ne suis plus libre de payer ou de ne payer pas ce prix-là.

§. CDLXXV.

La condition de la nature de celle dont on vient de parler s'énonce non seulement par un *si :* elle peut aussi être énoncée par un *quand* ; & cependant cette derniere maniere de s'énoncer ne dénote pas toujours une simple condition, à laquelle on soit en liberté de ne pas donner lieu : c'est quelquefois la simple détermination du tems auquel l'on renvoye l'effet de sa promesse, sans pouvoir en prolonger le renvoi à toujours, ou au-delà de l'espace nécessaire pour faire ce pourquoi l'on a voulu prendre du tems. Par exemple, quand j'aurai vuidé mes greniers, je vous les donnerai à louage à un tel prix.

§. CDLXXVI.

A l'égard de la condition simplement telle, qui représente le fait de celui à qui la promesse est faite, le promettant ne peut pas, sous offre d'accomplir sa promesse, exiger de lui ce fait-là ; mais il est obligé d'accomplir cette promesse, dès que ce fait existe tel que la condition l'a exprimé ; soit que le fait ait été en

la puissance de cette personne là , soit qu'il ait
été mixte , ou dépendant en partie du concours
d'un tiers , ou de quelques circonstances indé-
pendantes de sa volonté. Si vous prêtez votre
maison à cet homme qui vous la demande ; si
vous vous mariez avec une telle ; si vous de-
venez sénateur cette année : voilà des exemples des conditions dont on vient de parler.

§. CDLXXVII.

Il est manifeste , que si le fait attendu pour
condition de la part de celui à qui la promesse
est faite , est une chose possible , le promettant ne peut pas se libérer de sa promesse en
mettant obstacle à ce fait - là ; & que s'il y met
obstacle , la condition doit être tenue pour
remplie , à moins que le promettant ne se fût
réservé , par une sorte de défi , le droit d'y
mettre obstacle. Si la chose en elle - même est
impossible , ou si elle le devient sans le fait
du promettant, la condition ne sera point tenue pour remplie.

§. CDLXXVIII.

Nous avons aussi donné à entendre que le
fait mis en condition , peut regarder les
deux contractans , le promettant & l'accep-
tant, sans être rien de plus qu'une condition,
sans être une chose à quoi l'un ou l'autre s'engage. Par exemple , si nous nous marions l'un
& l'autre cette année , nous mettrons en rente
chacun deux mille écus, qui appartiendront
aux enfans de l'un & de l'autre , & au survi-
vant d'entr'eux tous.

§. CDLXXIX.

Le fait mis en condition , ne peut non plus être rien autre chofe qu'une condition , fi c'eft le fait d'un tiers , en tant qu'il ne parait pas que l'un des contractans fe fera chargé de faire fon poffible pour le procurer.

§. CDLXXX.

A plus forte raifon , s'il s'agit d'un événément , qui dépend d'un concours de caufes qui ne dépend pas de la volonté des contractans , ni même de quelque homme en particulier ; s'il eft mis en condition , il ne peut avoir d'autre effet que celui de fufpendre ou de réfoudre la convention

CHAPITRE XXXIV.

De la convention faite au nom d'un tiers.

§. CDLXXXI.

SI je donne lieu à ce que quelqu'un entende, que je veux tenir pour faite par moi - même la convention qu'un autre fera avec lui en mon nom , je ne ferai pas moins lié par cette convention , que fi je l'euffe faite fans y employer le miniftere de perfonne , en tant qu'elle aura été faite fur le pied de ce que j'ai donné à entendre à ce fujet à la perfonne avec qui la convention s'eft paffée en mon nom. Les vœux

communs demandent que les perſonnes abſen-
tes , puiſſent faire entr'elles de cette maniere ,
des conventions ſur leſquelles on puiſſe compter. La néceſſité en eſt indiſpenſable entre les
nations , puiſqu'elles ne peuvent contracter
que par leurs repréſentans.

§. CDLXXXII.

S'il a été fait en mon nom une convention,
ſur un autre pied que ce que j'ai donné à entendre par mon commiſſionnaire , ou autrement ,
à la perſonne avec qui la choſe s'eſt paſſée ,
celle - ci ne peut pas prétendre que je ſois obligé , de me tenir à ce qui a été fait ſur ce pied-
là ; car en donnant à entendre à cette perſonne , ce que je voulais qui fût fait en mon nom ,
je lui ai par là - même fait ſavoir , que je ne
voulais être obligé à rien de plus : prétendre
que je le ſois , c'eſt expoſer cette maniere de
convention , à des conſéquences qui la ren-
draient impraticable , contre les vœux communs , qui , ainſi qu'on vient de le dire , veulent qu'elle puiſſe avoir lieu.

§. CDLXXXIII.

Par une raiſon toute ſemblable à cette derniere , après avoir fait ce qui pouvait donner à
entendre à quelqu'un , que je voulais qu'un
autre convint en mon nom avec lui ſur un tel
pied , je ne pourrai pas prétendre ne me tenir
à la convention , que ſur le pied de ce que
j'aurais déterminé avec mon commiſſionnaire ,
ſans que cette perſonne en fût avertie , ce qui
eſt le cas des *inſtructions ſecretes*. Si le com-

missionnaire les a passées , il aura à en répondre à son constituant , lequel n'en demeure pas moins lié par le contract qui a été fait en son nom.

§. CDLXXXIV.

Si quelqu'un se présente à faux , comme ayant commission d'un autre , pour traiter avec moi au nom de celui - là , je n'aurai aucun recours contre le faux constituant ; mais j'aurai droit de recourir pour mon indemnité , con la personne qui m'en a imposé. Il en sera de même du cas où le commissionnaire de quelqu'un se présentera comme ayant des pou, voirs qu'il n'a pas en effet , & que le constituant ne m'aura point fait paraître aller jusqu'où le commissionnaire m'a fait croire qu'ils allaient.

§. CDLXXXV.

Au reste il n'est pas douteux , que, tout comme je suis lié par la convention qui a été faite en mon nom avec quelqu'un , j'ai acquis par cette même convention les droits qui y ont été stipulés en ma faveur , sans pouvoir les étendre au - delà de ce qui a été fait , quand même mon commissionnaire aurait manqué de suivre mes instructions.

§. CDLXXXVI.

Si j'établis quelqu'un sur des affaires qui sont de telle nature , qu'il ne peut les administrer selon le sens de l'établissement , sans faire en mon nom des conventions d'une certaine espece, avec les personnes qui s'adresseront à lui au sujet de ces affaires, je ne serai pas moins lié par ces conventions, que si je les eusse faites par moi - même & sans le ministere de mon préposé : on vient d'en voir la raison dans ce chapitre, (§. CDLXXXI). C'est ainsi que le maître d'un navire, d'une voiture publique, d'une hotellerie, est lié par les conventions qui se font avec les personnes de qui le patron du navire, le conducteur de la voiture, l'économe de l'hotellerie, reçoivent quelque chose à transporter ou à soigner.

§. CDLXXXVII.

Si la personne préposée à des affaires, l'a été par plusieurs, tous ceux - ci sont liés solidairement par la convention faite avec l'homme préposé aux affaires sur lesquelles il est établi, (§. CDLXXXI). Ce que dit l'illustre Grotius, que sur ce pied - là, l'on n'oserait plus s'associer plusieurs pour préposer quelqu'un à des affaires, ne fait pas une objection solide, ainsi que le remarque feu Mr. Barbeyrac, qui réplique à cette raison, que s'il en était autrement, l'on serait bien plus découragé de se confier à un homme préposé sur une certaine affaire, par la crainte d'avoir à recourir par actions divisées contre plusieurs préposans, qu'on ne le serait de préposer en société, à la charge d'en répondre chacun solidairement.

§. CDLXXXVIII.

Si celui qui traite au nom de quelqu'un, me donne par ce traité quelque droit sur une

chofe corporèllement déterminée , j'ai droit
d'exécuter fur cette chofe - là ; foit qu'elle appartienne à celui qui a traité avec moi ; foit
qu'elle appartienne à celui au nom de qui il a
traité , pourvû que celui ci foit d'ailleurs dans
le cas d'etre obligé par ce qui eft fait avec moi
en fon nom , fur le pied qu'il a été dit ci - deffus du conftituant ou de celui qui prépofe quelqu'un à fes affaires.

§. CDLXXXIX.

Celui qui me promet au nom de quelqu'un
quelque preftation perfonnelle, comme dix mille
écus, d'une maifon dont je fuis vendeur ; cette
perfonne agiffant en vertu d'une commiffion
fpéciale , & non à raifon de quelques affaires
fur lefquelles elle ferait établie ; cette perfonne ,
dis - je, ne me fera pas elle-même obligée, en
tant qu'elle ne m'en aura point impofé , (§.
CDLXXXIV.) ; je n'aurai droit d'agir que
contre celui au nom de qui elle a traité avec moi.

§. CDXC.

Si la preftation perfonnelle qui m'a été promife au nom d'un autre , l'a été en conféquence
de ce que le promettant était établi fur certaines affaires , d'où dépend celle fur laquelle il
traite , comme auffi la preftation elle - même
de ce qui m'a été promis ; alors tant que cette
perfonne eft à la fuite de ces affaires - là , je
puis l'obliger à exécuter fa promeffe , fans que
j'aye befoin de m'adreffer à la perfonne de qui
elle fait les affaires.

§. CDXCI.

Mais n'ayant pas exigé la chose du préposé , durant le tems de son adminiſtration ; je ne puis plus dans la ſuite l'exiger de celui - ci : il faut que je m'adreſſe à la perſonne de qui il faiſait les affaires.

§. CDXCII.

Ce ſerait autre chose , ſi ce prépoſé , à l'occaſion de son adminiſtration , & de ce que j'ai fait avec lui , m'avait cauſé quelque perte , par ſa faute ou par malice ; alors je pourrais , même après la fin de son adminiſtration , pourſuivre contre lui la réparation du dommage : alors ce n'eſt plus à titre de convention que j'agis contre lui.

§. CDXCIII.

Je pourrai , à titre de convention , agir contre celui qui aura prépoſé à des affaires , la perſonne de qui j'aurai reçu quelque dommage par malice ou par inadvertance injuſte , à l'occaſion de ce que j'aurai eu en celui-ci une confiance néceſſaire , pour donner lieu aux affaires ſur lesquelles il eſt prépoſé.

§. CDXCIV.

Mais ſi je ſouffre quelque perte pour avoir donné à ce prépoſé une confiance qui n'a pas rapport aux choses ſur lesquelles il eſt établi ; ce ne ſera que contre lui , & non contre celui qui l'a prépoſé , que je pourrai agir pour mon dédommagement.

§. CDXCV.

De même aussi , le traité que j'aurai fait avec ce prépofé , portant fur toute autre chofe que ce qui regarde fon adminiftration , il n'y aura que lui qui me foit obligé : je n'aurai aucun droit contre celui qui l'avait établi fur fes affaires.

CHAPITRE XXXV.

Des regles d'interprétations.

§. CDXCVI.

LES conventions , les difpofitions de derniere volonté , les loix civiles feraient de nul effet , & le genre humain ferait privé de ce qui contribue le plus à fon bien - être , fi l'on voulait ne fe tenir à aucune regle fur le fens dans lequel il faut prendre les termes dont on s'eft fervi dans ces fortes d'actes.

§. CDXCVII.

Enoncer fa volonté par des termes , qui dans l'ufage de la langue que l'on parle , fignifieraient toute autre chofe que ce que l'on a voulu dire , en avertiffant du fens que l'on y attache ; ce ferait donner dans le plus grand des ridicules. Pourquoi ne pas s'énoncer en termes, qui fans une telle explication , repréfentent ce que l'on veut dire , fi la langue n'eft pas en défaut à cet égard , & fur-tout s'il en eſt de familiers.

§. CDXCVIII.

Mais outre le ridicule , il y aurait de la mauvaiſe foi , à prétendre qu'un terme dont la ſignification n'aura point été détournée , par aucune explication lorſqu'on s'en eſt ſervi , puiſſe ou doive être entendu dans un ſens qu'il n'a jamais dans l'uſage de la langue, dans laquelle on s'eſt énoncé ; ce qui irait à rendre inutiles tous les actes dont nous venons de parler.

§. CDXCIX.

Comme dans la langue de celui qui parle & à qui l'on parle, une même expreſſion n'a pas toujours le même ſens , lequel varie ſelon les choſes dont on parle ; il eſt clair , par ce qui vient d'être dit , qu'il faut entendre les termes dans le ſens que demande la choſe dont il s'agit, ſelon l'uſage de la langue qu'on a parlé.

§. D.

La ſignification qu'a un terme , entendu ſelon l'idée univerſelle qu'on y attache , en le prononçant ſeul , s'appelle *ſignification abſtraite* , par différence de la *ſignification circonſtancielle* , qui eſt celle qu'a un terme , entendu dans le ſens que demande l'affaire dont il s'agit quand on employe ce terme.

§. DI.

Il n'y a nul doute que la ſignification circonſtancielle , ſi elle eſt différente de l'abftraite , ne doive être préférée à celle - ci , (§. CDXCIX.).

§. DII.

Si ces deux fignifications vont de pas égal , fi elles ont la même étendue ; fi , dis - je , le terme entendu à raifon de l'affaire dont il s'a-git , n'eft pas applicable à plus de chofes que ne le ferait ce même terme à raifon de fa fignifi-cation abftraite , & fi réciproquement le ter-me pris fur le pied de cette derniere fignifica-tion , n'était pas applicable à plus d'objets , qu'il ne l'eft à le prendre dans le fens que de-mande l'affaire dont il s'agit ; en ce cas , pour interpréter le terme dont on s'eft fervi , il ne faut ni étendre ni refferrer la fignification qu'il aurait , à le prendre abftraitement. Ainfi la définition du terme abftrait , fervira pour l'ex-pofition du fens qu'il a dans l'affaire où l'on s'en eft fervi ; & c'eft ce qu'on appelle l'inter-prétation *déclarative.*

§. DIII

Mais fi la fignification circonftancielle du terme dont on s'eft fervi , fe trouve avoir plus ou moins d'étendue qu'elle n'en aurait à la prendre abftraitement , ou toute feule ; fi , dis - je , la définition du terme pris abftraite-ment repréfentait plus ou moins que l'idée qui répond à ce terme employé dans l'affaire dont il s'agit ; comme il faut toujours préférer à la fignification abftraite , la fignification cir-conftancielle , (§. DI.) ; il s'en fuit que , dans le premier cas , il faudra interpréter le

terme par une définition qui renfermera l'idée
de plus de chofes, que la définition que l'on
donnerait de ce terme pris abſtraitement ; ce
qui eſt le cas de l'interprétation *extenſive*. Dans
l'autre cas, il faudra l'interprèter par une définition qui préſente une idée moins étendue,
& c'eſt le cas de l'interprétation *reſtrictive*.
*Nous vous promettons de n'employer ni le fer
ni le feu*. Ces deux derniers termes doivent
ici être entendus comme ſignifiant, non pas
feulement des inſtrumens tranchans, & un
élément brûlant, comme ils pourraient ſigni-
fier, à les prendre à part des autres termes
avec lefquelles ils font liés ; mais encore tout
autre moyen que l'on regarde comme des fléaux
de la guerre. Voilà un exemple de l'interprètation extenſive ; en voici un de la reſtrictive,
dans cette phraſe : *nous vous promettons de
vous pourvoir des grains dans notre pays & de
l'en exporter*. Le terme de *ſe pourvoir*, ne s'entend pas ici felon toute l'étendue qu'il peut
avoir en général ; enforte que l'on puiſſe ſe
pourvoir chez nous de grain, de toutes les
manieres dont on peut ſe pourvoir de cette forte
de denrée, comme en l'enlevant, auſſi bien
qu'en l'achetant ; en l'achetant forcément des
particuliers, ou fans gêner la liberté que chacun a de vendre ou de ne vendre pas : ce terme de ſe pourvoir ſe prend ici reſtricte-
ment, & doit s'entendre du grain que les différens propriétaires, dans le pays, voudront
aliéner.

§. DIV.

Pour avoir la signification que demande l'affaire dont il s'agit, la signification circonstancielle, qui doit, ainsi que nous venons de le dire, être toujours préférée à la signification abstraite, en cas de différence de l'une à l'autre; il faut, dis-je, pour connaitre la signification circonstancielle, faire attention à la fin qui est entendue par les parties contractantes, & qu'elles se proposent en commun, s'il en est quelqu'une de telle. Si ce qui est entré dans le contract, n'y est mis qu'à cause de cette fin-là; alors la signification que cette fin demandera que l'on attache aux termes dont on s'est servi, sera celle que demande l'affaire dont il s'agit : ce sera donc là cette signification circonstancielle toujours préférable à l'abstraite, en cas de différence. La fin commune, par exemple, d'une alliance offensive & défensive entre deux princes, c'est la conservation de ce qui leur appartient : ils n'oseraient dire ni l'un ni l'autre, qu'ils se proposent d'autre fin que celle-là. C'est donc sur le pied de ce qui est requis pour une telle fin, qu'il faut entendre le terme *d'offensive* ajouté à celui *d'alliance*, terme qui d'ailleurs aurait une toute autre signification.

§. DV.

De deux significations d'ailleurs possibles, celle qui ne met point obstacle à la fin commune du contract, doit être préférée à celle qui y met obstacle. Celle qui sans aucune utilité pour cette fin , emporterait, pour l'un ou pour l'autre contractant , quelque grande incommodité , doit être mise de côté, pour donner lieu à celle qui n'a pas le même inconvénient , & qui d'ailleurs n'a rien de contraire à cette fin. Celle enfin qui emporterait une incommodité telle , dont en bon sens un homme n'aurait pas voulu courir le rifque , en vue de la fin commune des contractans, ne doit point être adoptée; c'eft - là ce que monfieur de Puffendorf appelle le *défaut originaire de volonté*. Par exemple , l'on ne peut être cenfé avoir voulu , pour un avantage , tel que celui de la fin d'une fociété civile, lequel fe borne au bien - être temporel, foumettre à la volonté des autres, les intérêts de la vie à venir: la foumiffion aux volontés de la puiffance civile ne peut donc fignifier la foumiffion à tous les commandemens fans excepter ceux qui feraient contraires à la volonté divine.

§. DVI.

Quand à la fin que les contractans fe propofent, non en commun, mais chacun pour foi , de maniere cependant, qu'elle foit connue de part & d'autre , & que les volontés manifeftées y correfpondent réciproquement , l'on peut dire auffi, que des deux fignifications , dont le terme employé au contract , ferait fufceptible, celle qui ne répugne point à cette fin , doit être préférée à celle qui y mettrait contradiction; celle qui , fans heurter contre cette fin , n'emporterait aucune incommodité pour l'autre contractant, doit être préférée à celle

qui sans rien faire de plus pour cette fin - là,
entraînerait pour cet autre contractant quelque
préjudice.

§. DVII.

Il faut rappeller encore ici ce que l'on a dit
tout - à - l'heure du défaut originaire de volonté, lequel s'entend de tout ce dont un homme
en bon sens n'a pu vouloir courir le risque vis-
à-vis des avantages qui lui sont faits par le contract. Une nation par exemple, s'engage à se
pourvoir de grains chez une autre & non ailleurs, tant qu'il ne sera pas au - dessus d'un
tel prix ; celle - ci de son côté s'engage à laisser la liberté à celle - là de venir en acheter
pour en faire l'exportation : il est naturellement entendu, que si elle en a à peine assez
pour elle - même, elle pourra en empêcher l'a-
chat & l'exportation, non - obstant les termes
de la convention.

§. DVIII.

Si un terme dans le langage de l'art signifie
une chose & dans le langage vulgaire signifie
une autre chose, & si l'affaire dont il s'agit ne
demande pas qu'il soit pris selon la signification
qu'il a dans le langage d'art, plutôt que dans
celle du langage vulgaire ; comme celle - ci est
la plus commune, elle sera en ce cas - là préférée à l'autre.

§. DIX.

D'ailleurs, il n'y a nul doute, que si le terme dont on s'est servi, n'est en usage que pour
désigner

désigner ce qui a rapport à un certain art, il
ne faille prendre ce terme dans la signification
que lui donnent les maîtres de l'art, en la ref-
ferrant néanmoins ou en l'étendant, selon que
le demande l'affaire dont il s'est agi, ainsi qu'on
vient de le dire pour les cas d'interprétation
restrictive ou extensive.

§. DX.

Si un terme est susceptible de deux interprétations différentes, & telles l'une & l'autre,
que les considérations faites ci-dessus ne for-
cent point à admettre l'une de ces interprétations à l'exclusion de l'autre; il faut en ce cas
entendre le terme dans le sens qui combine avec
l'état de droit ou étaient les choses lorsque l'on
allait contracter, & préférer cette signification
à celle qui irait à changer cet état-là. Celui
donc des contractans qui aurait intérêt à ce que
les termes du contract aient cette derniere signification, doit avoir soin en traitant, de
s'exprimer d'une maniere qui à tout considérer, ne puisse pas combiner avec la subsistance
des choses au même état ou elles étaient avant le
contract. C'était à lui à s'expliquer pour cela:
*interpretatio facienda est contra eum, qui cla-
rius loqui debuit.* Si pour conserver ses droits
dans une convention, il ne suffisait pas de ne
rien dire qui ne puisse convenir à leur conservation, qui oserait contracter avec assûrance?
Peut-on comparer avec un tel inconvénient
le peu de difficultés qu'il y a, pour un homme
qui veut acquérir quelque droit, en diminution de ceux d'un autre, a s'énoncer d'une

maniere qui exclue tout sens contraire à cette intention , qui est formellement présente à son esprit ; tandis que l'intention de conserver ce que l'on a , ne peut le plus souvent , être qu'implicite , & par conséquent peu à portée des expressions décisives. Voyez en un exemple ci - après , (§. DXIII.).

§. DXI

Par la même raison , de deux significations dont un terme est susceptible , celle qui emporterait un plus petit changement d'état de droits que l'autre , doit être préférée à celle-ci. *In rebus dubiis sequendum est id quod minimum.* On en trouvera l'exemple plus bas , (§. DXIII.).

§. DXII.

Il suit de ce qu'on vient de dire dans ces deux derniers articles , que pour interpréter les termes d'un contract , il faut faire attention à l'état des droits respectifs qu'avaient les contractans lorsqu'ils sont entrés en négociation ; consulter les contracts qui avaient été faits avant celui dont il s'agit.

§. DXIII.

Ajoutons pour la même raison , que si par les termes d'un contract , qui n'auront rien d'équivoque ou de douteux , il a été apporté un certain changement à l'état des droits respectifs des contractans , les clauses ou réserves susceptibles de deux sens , dont l'un apporterait un contre - changement plus grand , & l'autre un contre-changement plus petit, ou n'en apporterait aucun, doivent être entendus sur le pied du terme non équivoque. Ainsi quand on se sera servi du terme de vente & d'achat, c'est au vendeur à expliquer assez clairement les droits qu'il réserve sur la chose vendue : la regle *in rebus dubiis sequendum id quod minimum*, tombera sur cette réserve - là.

§. DXIV.

De ce que l'on vient de dire, & de la nécessité de faire attention à l'affaire dont il s'agit & aux fins du contract, il s'en suit que pour le bien interpêter, il faut faire attention à ce qui précede & à ce qui suit le terme qu'il s'agit d'interprèter.

§. DXV.

Si après toutes les considérations que l'on vient d'indiquer comme des moyens d'interprèter un terme, il reste encore du doute ; c'est - à - dire, si un terme est susceptible de deux sens, qui puissent l'un ou l'autre subsister à raison de ces considérations - là, la maniere dont les contractans, auront, au vu & au su l'un de l'autre, exécuté ce que le contract portait, & sans contradiction, servira à fixer le doute, & à déterminer quel des deux sens est préférable à l'autre.

§. DXVI.

On dit, que le silence vaut un consentement ; ne vaut - il point aussi un refus ? J'entens ici par le silence, l'état d'inaction quant

à ce qui peut signifier l'acceptation ou le refus
d'une chose proposée ; l'état d'une personne
qui ne fait rien & qui ne dit rien pour répondre
négativement ou affirmativement à une proposition faite par quelque signe que ce soit.

§. DXVII.

Sur une simple proposition que j'aurais faite
à quelqu'un, qui ne me verra point en conséquence, faire en sa faveur quelque chose d'onéreux, je ne puis pas en ce cas regarder son silence comme une acceptation de ma proposition, & le tenir ainsi comme obligé à titre de
convention.

§. DXVIII.

Ce sera autre chose, si en conséquence d'u-
ne proposition que j'aurai faite à quelqu'un,
celui-ci en silence me voit faire en sa faveur
quelque chose qui me serait onéreux & préju-
diciable, s'il ne voulait être obligé à rien de ce
qui a été proposé ; ce qui quelquefois même
suppose une proposition tacitement faite de ma
part ; comme lorsque je cautionne le droit pour
l'une des parties qui sont présentes devant le
juge, laquelle par son silence consent à mon
cautionnement, & me promet par ce même silence l'indemnité. Les vœux communs veulent que dans ces cas l'on ne garde point le silence, si l'on veut n'être pas obligé par ce que
l'on voit faire d'onéreux à quelqu'un avec intention de nous obliger : le silence sera donc
alors qualifié tel qu'il faut qu'il soit, pour signifier plutôt un consentement qu'un refus de

confentir ; ce que l'on ne peut pas dire du fi-
lence fur une fimple propofition qui n'a pas été
accompagnée de faits tels que ceux que l'on
vient de dire , & qui ne fera pas tacitement
entendue par des faits qui foyent tels. Autrement l'on pourrait fans rien entreprendre d'o-
néreux, contraindre qui l'on voudrait à donner
des réponfes fous peine d'être obligé , & le contraindre ainfi à parler de vive voix ou par écrit,
fans avoir d'ailleurs aucun droit acquis à cela ,
& fans qu'il en revienne aucun avantage pour
faciliter les affaires & affûrer les conventions.

§. DXIX.

Qu'une convention , une promeffe , ait été
faite avec ferment ou fans ferment , elle s'en-
tendra toujours & devra s'entendre felon les
regles d'interprètation que l'on vient de voir
établies dans ce chapitre , & felon toutes celles
qui peuvent être fondées fur les mêmes principes ; & c'eft un des fens de cette phrafe ;
*juffurandum fequitur naturam actus cui adji-
citur* : le ferment fuit la nature de l'acte pour
la confirmation de l'acte pour lequel il a été
prété ; il ne faurait apporter aucun changement au fens de la convention ; car de cette
maniere il n'en ferait plus la corroloration ,
mais plutôt la deftruction , & ne ferait qu'en
rendre l'effet douteux & incertain , contre les
vœux communs, contre le but même du ferment.

CHAPITRE XXXVI.

De la valeur du prix des choses.

§. DXX.

COMME les choses qui sont en commerce entre les hommes, par le moyen des conventions dont on vient de parler, ont dans ces conventions - là chacune leur prix, il convient, avant que d'aller plus avant, de parler du prix des choses, c'est - à - dire, de cette estimation que l'on fait d'une chose considérée comme étant la valeur d'une autre, ou, ce qui revient au même, comme ayant le même degré de bonté ou d'aptitude à contribuer directement ou indirectement aux nécessités ou aux agrémens de la vie : c'est en ce sens que l'on dit qu'une chose est le prix d'une autre. Ainsi dix brebis, si des contractans le veulent, feront quant à eux le prix d'un cheval, & réciproquemet le cheval sera le prix des dix brebis.

§. DXXI.

Ainsi des individus d'un genre quelconque, si d'ailleurs ils ont quelque valeur, peuvent être considérés comme pouvant faire le prix de certains objets d'un genre quelconque ; ce qui est l'idée du prix *vulgaire*, lequel était le plus en usage dans l'enfance du commerce entre les hommes.

§. DXXII.

Mais il est arrivé dans la suite, que l'on s'est attaché constamment à des individus d'un certain genre, pour faire le prix de tous les autres genres d'objets qui ont quelque valeur ; ensorte que la valeur des premiers a servi de mesure commune de celle de tous les autres genres : c'est ce qu'on appelle le prix *éminent*. Ainsi le prix éminent a consisté d'abord en or, en argent ou en cuivre, prix en certaine quantité, selon la chose dont on voulait représenter la valeur par des différentes matieres. Chaque fois qu'il s'agissait de payer le prix d'une chose, ces matieres étaient données en les pesant, pour en déterminer la quantité convenue selon la quantité ou la finesse du métal. Dès lors l'autorité publique dans les sociétés civiles, est intervenue & a marqué des portions de ces matieres, de façon à faire foi de la quantité & de la qualité de chacune, de maniere qu'il n'y eût plus autre chose à faire qu'à les compter, & c'est ce qu'on appelle *monnoye* ; ce qui a rendu plus aisée, plus prompte & plus sûre l'application du prix éminent. Enfin pour éviter l'incommodité du transport d'une quantité de ces especes à chaque fois qu'il s'agirait de faire un payement dans des lieux éloignés, l'on a eu recours à des signes qui représentent cette quantité, en tant qu'ils font des moyens de l'exiger : je veux parler des billets de banque ou de change, & autres titres semblables, qui ont ainsi été de nouveaux moyens d'appliquer le prix éminent.

§. DXXIII.

A confidérer les chofes d'homme à homme & à raifon du droit de propriété , nul ne peut mettre un prix à ce qui appartient à un autre, pour acquérir malgré celui - ci cette chofe à ce prix - là : je ne puis forcer perfonne à acquérir quelque chofe de moi à tel prix que j'y mettrai. Telle eft la liberté naturelle des propriétés refpectives ; liberté qui peut être limitée par le droit acquis de quelqu'un ; comme dans la fociété civile , où la puiffance qui y eft établie , peut forcer les citoyens à acquérir les chofes à certain prix , à en donner d'autres à un prix déterminé.

§. DXXIV.

Si par quelque convention une chofe a été promife pour un prix dont on a renvoyé la détermination à un arbitre , celui - ci doit en la faifant , avoir égard non à la valeur particuliere ou d'affection de la chofe qu'il s'agit d'apprécier ; mais à la valeur commune , tout autrement que fur le pied de ce qui fe doit faire dans le cas d'un dommage à réparer , (§. CCCV.).

§. DXXV.

Si la chofe dont il s'agit a un prix courant , c'eft - à - dire , un prix qui , pendant le tems où la convention s'eft faite , a été le même dans plufieurs cas où il s'eft agi d'une chofe du gen-re de celle - là ; c'eft fur le pied de ce prix - la

que l'on est censé avoir contracté, si l'on ne
s'est expliqué autrement.

§. DXXVI.

Le prix dont on est convenu dans un contract,
est celui auquel il faut se tenir, à considérer les
choses par le seul droit des conventions, quand
même d'ailleurs le prix serait mis au-dessus ou
au-dessous de la valeur commune qui ne sera pas
une valeur courante, pourvu d'ailleurs que cet
excès ou ce défaut ne vienne pas de l'erreur sur
des qualités naturellement entendues à la chose
dont il s'agit, ou qui auront été expressément
réservées ou que l'un des contractans aura simulées pour faire consentir l'autre à un prix
excessif, selon ce que nous avons vu au chapitre
XXXII. (§. CDL. & suivans.)

§. DXXVII.

Mais il peut y avoir un droit introduit,
comme dans la société civile, où l'excès du
prix porté au-delà d'un certain point, par
exemple au-delà de la moitié de la valeur de la
chose, met toujours dans le droit la partie souf-
frante de se retirer du contract, comme aussi
lorsque le prix est de moitié trop au-dessous de
la valeur de la chose.

§. DXXVIII.

De plus il est tel droit introduit qui empêche que l'on ne puisse mettre à des certaines
choses un prix plus haut que celui qui sera
fixé par ce même droit; quelquefois même les
loix civiles en fixent un au-dessus duquel il

n'eſt pas permis de débiter certaines denrées.
Dans ce cas - là , ce ne ſera pas au prix de la
convention que l'on aura droit de ſe tenir ;
mais à celui que la loi poſitive a fixé : ce ſera
à ce prix-là que la convention pourra être *obli-*
gatoire.

§. DXXIX.

Les choſes *fungibles* ; je veux dire, les choſes dont l'eſpece abonde en individus , & qui ne
ſont d'aucun uſage pour celui qui ne les con-
ſomme pas ou ne les aliene pas , ne ſont pas
ſuſceptibles de prix d'affection. On les appelle
fungibles , ou ſuſceptibles de remplacement
par d'autres individus du même genre , *functio-*
nem in genere ſuo recipientes ; parce que le propriétaire de telles choſes , ſi on lui en donne
de pareilles à la place , & du même genre ,
ne peut pas prétexter qu'il lui manque quelque choſe , par cela ſeul qu'on ne lui rendra
pas les mêmes individus ; il ne peut pas , dis-
je , prétexter que les ſiens euſſent pour lui une
valeur d'affection : il ne ſera en droit de ſe
plaindre que ſur l'inſuffiſance de la quantité ou
de la qualité des individus de même genre , leſquels on lui donnerait contre ceux qu'il avait.
Ainſi , l'on n'attache pas un prix d'affection à
un tel boiſſeau de grain , à un tel muid de
vin , à un group de cent écus : toutes ces choſes ſe remplacent par d'autres de même genre
& de même qualité , qui , tout comme elles ,
n'auront de valeur , qu'autant qu'on pourra
les conſommer ou les aliéner.

§. DXXX.

Quelle que puisse être la cause qui fait hausser le prix commun des choses; que ce soit leur rareté, l'excellence de l'art qui les a produites, la réputation de l'artiste, &c., cela ne change rien aux regles de droit que l'on a établies tout-à-l'heure, ni à celles que l'on a eu occasion de présenter ci-dessus, (§. CDLXI.) en parlant de la correction des contracts, laquelle doit se faire sur le pied du prix commun, plutôt que du prix particulier ou d'affection.

§. DXXXI.

Il est des choses dont les hommes ne peuvent disposer en faveur de quelqu'un, & auxquelles par conséquent ils peuvent mettre un prix qui doive en être payé: l'on peut donc dire en ce sens qu'elles sont sans prix. Ainsi le droit qui est du côté d'une personne qui est en contestation avec une autre, ne pourra être vendu par un tiers avec cette personne-là: ainsi un juge, un arbitre, ne peut mettre un prix à la justice qu'il doit administrer, ni disposer du droit des personnes, comme si elles eussent à acheter de lui le droit qu'elles peuvent avoir déjà: ainsi les biens spirituels, qui ne peuvent être à la disposition des hommes, comme les objets matériels d'usage épuisable, ne pourront être mis en commerce; & nul homme ne peut exiger ni recevoir quoi que ce soit à titre de prix, à raison de la distribution de ces sortes de biens.

§. DXXXII.

Cela n'empêche pas cependant que pour vaquer à l'administration de la justice, dans la
vue que celui qui a droit obtienne ce qui est à
lui, que pour s'occuper en faveur de quelqu'un, de ce qui a rapport aux biens spirituels,
l'on ne puisse, sans violer son droit, ne s'occuper de ces choses, qu'à la condition de quelque
rétribution, qui dédommage de ce qu'on aura laissé de côté certaines choses auxquelles on
était particuliérement intéressé. Mais encore à
cet égard, il faut observer que la vertu exige
ici un singulier désintéressement, comme elle
exige d'autre côté, que nous ne laissions pas
manquer des choses temporelles, les personn-
nes qui s'employent à ce qui concerne notre
bien spirituel. Dans les sociétés civiles, il faut
que l'administration de la justice ne soit confiée
qu'à des personnes capables du désintéressement
dont on vient de parler, & par leurs qualités
morales, & par la situation de leurs affaires,
auxquelles il est à propos de suppléer, si l'état
des choses ne permet pas de faire autrement.

CHAPITRE XXXVII.

Des contracts par lesquels sans transporter la propriété d'une chose, l'on accorde à quelqu'un quelque droit sur cette chose, & en particulier par la servitude.

§. DXXXIII.

LES contracts peuvent avoir pour objet, les choses qui appartiennent en propriété à l'un des contractans, lequel donne à l'autre quelque droit sur ces choses-là, ou en lui cédant la propriété, ce qui est le plus grand changement quant au droit que l'on a sur les choses, ou sans en transporter la propriété; ce qui peut se faire en diverses manieres, d'où il résulte des changemens qui approchent plus ou moins du transport des propriétés. Commençons par ces derniers.

§. DXXXIV.

Le propriétaire d'une chose, peut par convention consentir à limiter son droit de propriétaire, par un droit de servitude tel qu'on l'a exposé ci-devant, chapitre XXXI. Ce qu'on en a déja dit peut retrouver ici sa place ; mais pour dire sur cette matiere ce qui a rapport aux contracts, en tant qu'ils sont une des causes du droit acquis de servitude sur la propriété d'autrui, l'on ajoutera ici simplement, que dans le doute, si une servitude constituée par la convention, emporte que le propriétaire, non-seulement souffrira que celui qui ne l'est pas fasse sur sa propriété, ce que celui-là comme propriétaire aurait naturellement droit d'empêcher, ou si de plus ce propriétaire est obligé à faire quelque chose pour donner lieu à la continuation de l'exercice du droit de servitude, en ce cas, dis-je, il devra être entendu que la servitude est établie sur le pied du premier de ces sens, ensorte que le propriétaire demeure libre de ne pas faire. Par exemple, celui à qui j'ai accordé le droit d'appuyer sur la colonne d'un bâtiment qui m'appartient, ne peut pas, quand cette colonne est tombée par accident, ou de vétusté, m'obliger à la refaire, à la mettre en état de servir d'appui. Il suffit que je n'y mette nul obstacle. Ceci est fondé sur ce que dans le doute, il faut interpréter les termes du contract sur le pied du moindre changement aux droits respectifs des contractans : *in rebus dubiis sequendum id quod minimum.* Or être obligé à faire, c'est un changement plus grand apporté aux droits du propriétaire, que s'il est seulement obligé à ne pas mettre obstacle à l'exercice de la servitude sur ce qui lui appartient. Ceci peut aussi s'appliquer à la servitude continuée par disposition de derniere volonté.

§. DXXXV.

Ajoutons encore ici que si la chose dont on transporte la propriété à quelqu'un, ne peut avoir la qualité entendue naturellement dans

le contract qui fait ce transport, sans un droit
de servitude établie sur une autre chose que le
transférant se retient ; alors le transport de
propriété de la premiere emporte un droit de
servitude établie sur la seconde, en faveur de
l'acquéreur de celle-là. Par exemple, de deux
fonds que quelqu'un possede & dont il me vend
l'un, celui-ci n'a de passage praticable que
par l'autre : en me vendant le premier, il me
vend en même tems le droit de passage par l'autre : c'est-là une suite naturelle de la convention. Ce n'est donc pas qu'il y ait eu auparavant servitude de l'une de ces choses à l'autre,
au tems qu'elles avaient un même propriétaire ;
car en effet, si le fonds qui m'a été vendu,
pouvait avoir un autre passage que par le fonds
que le vendeur s'est retenu, je ne pourrais pas,
sous prétexte qu'il allait à ce dernier par l'autre, prétendre faire la même chose, comme si
le fonds qui m'a été vendu, l'eût été avec un
droit de servitude qu'il eût eu avant la vente.
Nous avons vu ci-devant, (§, CDXLIII.)
quod nemini propria res servit ; qu'il n'y a pas
droit de servitude d'une chose à l'autre, quand
toutes deux appartiennent au même maitre.

CHAPITRE XXXVIII.

Du gage & de l'hypothèque.

§. DXXXVI.

UN autre contract par lequel on donne sur la chose qui en est l'objet, un droit qui n'est pas celui de la propriété, c'est le contract de *gage*, qui néanmoins peut donner lieu à l'acquisition de la propriété en certains cas, ainsi qu'on le verra bientôt. Il s'agit ici d'une chose qu'un débiteur remet à son créancier, pour que celui-ci puisse, par le moyen de cette chose trouver son indemnité, au cas que celui-là ne satisfasse pas à tems.

§. DXXXVII.

Si l'on est convenu que le détenteur de la chose donnée en gage pourra s'en servir, ce qui se fait quelquefois en récompense de l'intérêt de la chose due, récompense qui porte le nom *d'antichrese;* alors le créancier engagiste pourra retirer les fruits de la chose remise en gage; mais dans le doute, il faut entendre que son droit se réduit à la retenir, pour sûreté de ce qui lui est dû; & pour s'indemniser lors seulement que le débiteur manquera à ce qu'il doit.

§. DXXXVIII.

§. DXXXVIII.

Si la convention porte qu'à défaut de payement de ce qui est dû , après un tems déterminé , le gage passerait en propriété au créancier , il en sera en ce cas propriétaire , pour en
disposer ainsi qu'il trouvera à propos ; & c'est-
là ce qu'on appelle la *commise* du gage , qui est
prohibée par les loix civiles de quelques Etats.
Si la commise n'a pas été établie par la convention , qui dans le doute , exclut le droit
de commise , tout ce que le créancier peut
faire en cas de défaut de payement , c'est de
vendre le gage ouvertement á celui qui en of-
frira le plus , & au su du débiteur , & de prendre sur le produit de la vente la valeur de ce
qui est dû , en rendant au débiteur le surplus.

§. DXXXIX.

Avant que le gage soit vendu par le créancier , selon le droit qu'il en a , le débiteur , en
offrant le payement présent de ce qu'il doit ,
a droit d'exiger de lui , qu'il rende le gage en
nature , & qu'il l'indemnise de ce que la chose
aura été amoindrie ou détruite , faute d'attention de la part du détenteur du gage , lequel
est obligé par le contract , à y apporter le degré d'attention que les hommes ont commu-
nément chacun dans leurs propres affaires , &
relativement à l'espece de celle dont il s'agit.

§. DXL.

Si la chose , non-obstant que le détenteur du
gage l'ait soignée ainsi qu'il vient d'être dit ,

est venue à périr ou à s'amoindrir, pour n'avoir pas été soignée d'une maniere relative à une qualité que le seul propriétaire connaiffait à la chofe, & dont il n'aura pas averti le détenteur, celui-ci en ce cas, n'en fera pas refponfable. Mais fi n'ayant pas droit, par la convention, de fe fervir du gage, il s'en fert, tout ce qui méfarrive à cette occafion, eft aux périls & aux rifques du détenteur.

§. DXLI.

Si le détenteur reçoit quelque dommage par le vice de la chofe remife en gage, que le propriétaire aura négligé de lui manifefter, ou lui aura caché à deffein, celui-ci fera refponfable d'un tel dommage.

§. DXLII.

Il eft rare que l'on remette en gage des immeubles à un créancier ; cependant ce fera auffi le contract de gage, fi le créancier pofféde le fonds pour fûreté de ce qui lui eft dû, ce qui fe fait avec le droit d'antichrefe dont nous avons parlé.

§. DXLIII.

Si les revenus du fonds donné à antichrefe font de nature à n'être pas fujets à des variations, ce qu'ils fe trouveront valoir de plus que l'intérêt dont ils font la récompenfe, devra être imputé à payement à compte du capital. Il n'en fera pas de même s'il s'agit de revenus variables ; on en verra la raifon ci-après, où il eft parlé de location.

§. DXLIV.

Le contract d'*hypotheque* est le même que celui du gage, avec cette différence seulement, que le propriétaire de la chose hypothéquée en demeure en possession. C'est le plus souvent sur des immeubles que l'on constitue un droit d'hypotheque, & indépendamment de tout droit positif ou civil; elles se réduisent à ce que le créancier puisse, le débiteur étant en défaut, exécuter sur l'hypotheque, ainsi que le détenteur du gage peut le faire sur le gage, tant que le débiteur possédant l'hypotheque ne l'aura pas aliénée & délivrée à un autre, qui n'aura pas eu connaissance du droit constitué sur la chose. Celui-ci ne sera point obligé à déguerpir ou à payer au créancier la dette pour sûreté de laquelle le fonds avait été hypothéqué par le débiteur, dans le tems qu'il possédait, contre lequel seul le créancier a droit de recourir, pour avoir soustrait le fonds au droit d'exécution. L'inconvénient qu'il y a à cela pour un créancier, peut être évité par la précaution, de ne pas se contenter d'une sûreté telle que celle d'une simple hypotheque, & de demander le nantissement de la chose même, sur-tout si elle est mobiliere. J'ai pour appuyer ce sentiment, une raison semblable à celle dont je me suis servi au sujet de la question d'une chose vendue à un premier acheteur & délivrée à un autre, (§. CCCXC.).

CHAPITRE XXXIX.

Du précaire, du prêt à usage gratuit & de celui qui est intéressé & connu sous le nom de location.

§. DXLV.

SI l'usage accordé d'une chose peut en être retiré sans qu'il faille pour cela la consommer, la dénaturer ou l'aliéner, il est entendu qu'elle devra en un tems être rendue en nature à son propriétaire, ce qui est le cas du contract de prêt à usage, par lequel je remets à quelqu'un ce qui m'appartient, pour qu'il puisse s'en servir, sans dénaturer ni détériorer la chose, qui devra, après que l'usage accordé en aura été tiré, m'être remise en nature; ce qui se fait de deux manieres, l'une *gratuite* de la part du propriétaire de la chose, ou en contract *intéressé* & moyennant un réciproque donné ou promis à celui - ci pour l'usage qu'il a accordé; & en ce dernier cas c'est le contract de *location* des choses.

§. DXLVI.

Le contract de prêt, quand il est gratuit, differe du *précaire* en ce que par celui - ci, le propriétaire de la chose retient le droit de la reprendre quand il lui plaira; ce qui dans le doute se présume, parce que c'est ce qui emporte le moindre changement au droit du propriétaire, (§. DXI.).

§. DXLVII.

Si le prêteur s'est lié à laisser à l'emprunteur la chose pour un tems déterminé expreffément, ou jufqu'à ce que l'ufage pour lequel elle est prêtée puiffe avoir lieu, il est obligé à la lui laiffer tant qu'il ne fe trouvera pas lui-même avant ce tems-là, dans le cas d'en avoir un befoin qu'il n'ait pas prévu en prêtant la chose; il est, dis-je, obligé à cela, fi même le prêt est gratuit : autrement, ce fera fous couleur de rendre fervice à quelqu'un , apporter du dérangement à fes affaires ; ce que les vœux communs ne fouffrent point en matiere de convention , fur laquelle on veut pouvoir compter.

§. DXLVIII.

Mais fi le prêteur n'a pu prévoir le befoin qu'il a de la chofe qu'il a prêtée gratuitement , il pourra , en ce cas , la redemander , quand même le tems dont on vient de parler ne ferait pas venu : laiffer la chofe à l'emprunteur jufqu'à ce tems-là , autant que le befoin imprévu ne demandera pas que le prêteur le reprenne, c'est tout le changement auquel celui-ci peut être cenfé avoir confenti quil fût apporté à fon droit de propriété , dans un prêt gratuit , où il ne s'est rien réfervé en récompenfe de l'ufage accordé.

§. DXLIX.

Il n'en eſt pas de mème dans le contract de prêt intéreſſé , ou de location : le ſalaire que le locateur retire , fait entendre qu'il a voulu conſentir à un changement apporté à ſon droit de propriété , juſqu'à aliéner abſolument le droit d'uſage de la choſe , juſques au tems marqué , s'il ne s'eſt expliqué clairement ſur un autre pied.

§. DL.

Lorſque le contract dont il s'agit eſt déſintéreſſé de part & d'autre, l'emprunteur eſt obligé à réparer la perte ou l'amoindriſſement que la choſe aura ſouffert de ce qu'il aura manqué à l'attention commune , que chaque homme comme tel eſt cenſé avoir dans ſes propres affaires. Il n'eſt pas tenu à moins , parce qu'il prend la place du propriétaire , quant aux ſoins qu'il s'agit de donner à la choſe , & ſans leſquels elle ne pourrait demeurer en état d'ètre rendue , ainſi que le contract le porte. Il n'eſt pas tenu à plus , parce que le propriétaire de qui l'emprunteur prend la place , n'eſt pas cenſé ètre de ceux qui ſurpaſſent le commun des hommes , dans les ſoins qu'ils donnent à leurs propres affaires.

§. DLI.

Mais ſi le prêt eſt gratuit , le prêteur a lieu de s'attendre de la part de l'emprunteur à l'attention la plus exacte , & telle que les plus diligens d'entre les hommes apportent à leurs propres affaires ; enforte que fi la chofe vient à périr ou à s'amoindrir pour n'avoir pas été foignée avec ce degré d'attention , l'emprunteur doit réparer cette perte.

§. DLII.

Si la chofe prêtée vient à périr faute d'avoir été foignée , ainfi que l'aurait demandé une certaine qualité que le feul propriétaire était à portée de connaître , & dont il aurait manqué d'inftruire l'emprunteur qui d'ailleurs aura eu foin de la chofe , autant que le demandaient les qualités connues , celui-ci en ce cas ne fera pas obligé de réparer cette perte au prêteur , qui n'aura à s'en-prendre qu'à lui-même , foit qu'il ait prêté gratuitement , foit qu'il l'ait fait moyennant un falaire. Autrement on pourrait , fous couleur de rendre fervice , tendre des pieges à un emprunteur ; ce qui n'eft point fupportable.

§. DLIII.

Si l'emprunteur a eu foin de la chofe autant qu'il y était obligé , c'eft ce qui lui eft plus aifé de prouver, qu'il ne l'eft au propriétaire , de le convaincre d'y avoir manqué , lors même que la chofe fera périe ou amoindrie par défaut de foin. Voilà pourquoi dans le doute , les vœux communs ne difpenfent l'emprunteur de réparer la perte ou l'amoindriffement de la chofe , qu'autant qu'il paraît que ce qui eft méfarrivé , vient d'ailleurs que de la faute de l'emprunteur.

§. DLIV.

Si l'ufage pour lequel une chofe eft prêtée, expofe cette chofe à l'effet de plufieurs caufes deftructives à quoi elle n'eft pas expofée hors d'un tel ufage , fi elle vient à périr ou à s'amoindrir par quelqu'une de ces caufes , & nonobftant l'attention que l'emprunteur aurait à l'en préferver , en s'en fervant pourtant , celui - ci eft obligé à réparer cette perte , dans le cas du prêt gratuit , & même dans celui d'un prêt intéreffé , où il n'aurait été arrêté d'autre falaire que celui que l'on demanderait pour des ufages qui n'affujettiffent point la chofe au péril où elle était expofée par ceux qui étaient accordés. Il n'eft point naturel de fuppofer que celui qui prête fans falaire , ou qui le fait pour un falaire tel que celui qu'on vient de dire , ait voulu fe charger des rifques d'un ufage périlleux de la chofe prêtée à un autre , & dont celui - ci retire l'avantage ; c'eft ici le cas du défaut originaire de volonté. C'eft autre chofe , fi en confidération de ce que l'ufage eft périlleux pour la chofe , le propriétaire a traité pour cela fur le pied d'un falaire plus confidérable : en ce cas les rifques où la chofe eft expofée le regardent lui feul , fans qu'il puiffe , de ce que la chofe fera périe , demander d'autre récompenfe que celle du falaire qu'il s'eft réfervé proportionnellement à ces rifques.

§. DLV.

L'emprunteur paffe - t - il les bornes de l'ufage qui lui eft accordé ; en ce cas , que cet

ufage foit ou ne foit pas périlleux de fa nature
fi la chofe vient à périr ou à s'amoindrir à cette
occafion , c'eft - à - dire , autant qu'il ne paraîtra pas qu'elle ferait tout de même périe ,
fi elle n'eût pas été prêtée , il en fera refponfable , & il devra réparer cette perte au propriétaire , prêteur gratuit ou intéreffé.

§. DLVI.

Mais , quand l'emprunteur n'aura point
paffé les bornes de l'ufage accordé , & qu'il
aura apporté toute l'attention à laquelle il
était obligé , la chofe venant à périr à l'occafion même de l'ufage pour lequel elle était ac-
cordée ; fi d'ailleurs il était de nature à mettre
la chofe auffi peu en péril , que fi l'on n'en faifait aucun ufage , & qu'en toute autre circonf-
tance où elle eût pu demeurer , alors l'emprunteur ne fera point obligé de droit , de récom-
penfer cette perte au propriétaire , fi même le
prêt a été gratuit. Ainfi , la foudre ayant frappé le cheval que j'aurai prêté à quelqu'un ;
quand même il ne paraîtrait point qu'il eût
péri , s'il n'eût pas fait la route fur laquelle il
a été frappé , je ne ferai point en droit d'exiger qu'on m'en paye la valeur. Le fervice rendu n'eft point une raifon de droit pour exiger
qu'on me dédommage de la perte que je fouffre
de cette maniere par accident inattendu & iné-
vitable ; & quant à la volonté du contract,
l'on ne voit point qu'un homme ne puiffe en
bon fens , vouloir être expofé à perdre par un
événement cafuel , qu'il n'a pas plus à craindre en confiant , qu'en ne confiant pas la cho-

se dont il veut demeurer propriétaire. Il n'y a ici aucune raison d'exception à la regle : *res perit suo domino*. L'on y voit bien plutôt qu'il n'est pas toujours vrai que, *nemini officium suum debet esse damnosum*, ou qu'il faille que jamais on ne demeure en souffrance pour avoir rendu service. Il faut bien qu'on y demeure, lorsque le service rendu ne fait point une raison de droit, pour faire jetter sur un autre, malgré lui, la perte que l'on souffre à cette occasion. Tout ceci au reste, n'exclut point l'usage des regles de vertu, de générosité, de prudence &c., qui, selon les circonstances, peuvent obliger la personne à qui l'on a rendu service, à se charger de la perte, en tout ou en partie, sur-tout en considération d'un prêt désintéressé.

§. DLVII.

Dans des circonstances où l'on ne peut préserver ses propres affaires, & celles que l'on tient en emprunt, si l'on abandonne celles-ci pour sauver celles-là, ainsi qu'il est bien permis de le faire, l'on devra en payer la valeur au propriétaire.

§. DLVIII.

Celui qui tient une chose qui lui a été prêtée gratuitement, supportera les dépenses qu'il aura été obligé de faire pour la conservation de la chose, fussent-elles-même imprévues, en tant qu'elles ne passeront pas la valeur de l'usage accordé : si elles la passent, il est juste que le propriétaire lui en fasse le remboursement.

§. DLIX.

Quant au locataire , non - seulement il est obligé d'avoir soin de l'entretien journalier , des refactures journalieres , & de celles qui font nécessaires pour arrêter les effets sensibles de l'usure. Il doit de plus supporter les dépenses de ces sortes de refactures , si , dans la convention , l'on ne s'est expliqué clairement pour qu'il en fût autrement.

§. DLX.

Quant à l'usure qui est l'effet insensible d'un long usage de la chose , les dépenses qu'il faut faire pour remettre la chose en son état d'intégrité , & pour prévenir le total dépérissement qui en résulterait , ne sont pas à la charge du locataire , mais bien à celle du maitre de la chose.

§. DLXI.

Si ensuite d'une telle usure insensible , ou par quelque accident où il n'y ait pas de la faute du locataire , la chose vient à n'être plus en état de servir dans le sens du contract de location , le propriétaire alors ne peut plus exiger de salaire , dès le tems de l'usage cessant , ni contraindre à ce compte le locataire à tenir la chose sur le pied du loyer dont on était convenu. Mais aussi le locataire ne pourra pas en offrant au maitre le loyer pour l'avenir , le contraindre à remettre sur pied la chose qui serait périe en tout ou en partie , pour la remettre en état de service ; & il ne peut prétendre contre lui

aucune indemnité de ce qu'il eſt obligé de ſe
pourvoir d'un autre côté : ce ſerait autre choſe ſi le propriétaire s'était engagé à mettre la
choſe en état ; ce qu'il ſerait cenſé avoir promis, ſi la choſe en avait beſoin dans le tems
même où la convention ſe faiſait.

§. DLXII.

La perte & le mal que l'emprunteur viendra
à ſouffrir par le vice de la choſe prêtée, que le
propriétaire aurait négligé de manifeſter ou
aurait diſſimulé, ſeront à la charge de celui ci,
qui devra réparer le dommage. Ce ſera autre
choſe s'il n'y a pas de la faute du prêteur ; ce mal
ſera ſeulement une raiſon pour diminuer d'autant du loyer ; parce que, la choſe ne ſe trouvant pas avoir la qualité entendue par le contract, l'affaire eſt ſujette à nullité ou à correction, (§. CDLX.).

§. DLXIII.

Celui qui a reçu à ferme un fonds dont les
revenus ſont fixes & invariables de leur nature ; ſi ces revenus viennent à ceſſer en tout
ou en partie, il faudra diminuer du prix de la
ferme à proportion.

§. DLXIV.

Mais ſi les revenus du bien donné à ferme
ſont variables de leur nature, arrivant une
diminution de ces revenus qui ne ſera pas ex-
orbitante, c'eſt-à-dire, qui ſera compriſe
entre les extrêmes du plus grand & du plus
petit produit, le fermier ne pourra pas de-

mander que l'on rabatte quelque chose du prix.

§. DLXV.

Mais il pourra demander un rabais , si la diminution du revenu se trouve exorbiter & n'être pas comprise dans ce qu'on appelle année commune : il pourra dis - je , demander un rabais de ce qui aura été promis en quantité fixe payable annuellement.

§. DLXVI.

Par contre , il n'y aura aucun rabais ou dédommagement à demander au propriétaire d'un fonds que l'on aura pris à culture , pour en partager avec lui les revenus sur le pied d'une certaine quote ; si même le fonds manque du tout aux espérances du cultivateur. Ceci se déduit des principes qui appartiennent au contract de société , dont il sera parlé ci-après.

CHAPITRE XL.

Du prêt à consomption gratuit , & de celui qui est sans intérêt.

§. DLXVII.

SI l'on m'accorde l'usage d'une chose fungible ; l'usage accordé ne pouvant avoir lieu, qu'autant que je consommerai ou que j'aliénerai moi-même cette chose , il ne peut alors

être entendu par le contract, que je doive rendre cette même chose précisément telle qu'elle
exiftait quand elle m'a été remife : je deviens
donc, par le contract, propriétaire de l'objet
individuel qu'on m'a remis, pour m'en fervir, de toutes les pieces de monnoye par exemple, de tous les grains de froment, dont on
m'a accordé l'ufage confommant & aliénant.
Il n'eft pas à préfumer, dans le doute, que
celui de qui je tiens ainfi ces chofes, ait voulu
aliéner auffi la valeur qu'elles avaient actuellement, au tems où elles m'étaient remifes,
comme on aliene la valeur d'une chofe contre
laquelle on donne ou on promet un certain prix
éminent, ou une chofe d'un genre différent
de celle - là, ainfi qu'on le fait dans le contract de vente & dans celui d'échange, au fujet defquels, s'il n'y a lieu aux raifons de nullité & de correction, dont on a parlé ci - devant, (§. CDXLVIII. & fuivants), l'on n'a
plus aucun égard dès que l'affaire eft faite, à
ce que pouvait valoir alors la chofe vendue &
celle donnée en échange : elles font cenfées
s'être values réciproquement. Dans le cas,
dis - je, d'une chofe fungible reçue pour pouvoir s'en fervir, fans qu'on fe foit autrement
expliqué, il eft entendu que celui de qui on la
reçoit, retirera des chofes qui, au tems du
retour, ayent une valeur égale à celle qu'a-
vaient les chofes données, dans le tems où on
les a données, & qui ayent cette valeur - là relativement même au donneur. Voilà pourquoi, fi celui - ci le défire, il faudra rendre
des chofes qui foyent du même genre & de la

même qualité & bonté que celles qui ont été données. C'est ici le cas du contract que l'on nomme *prêt à consomption*, par lequel, pour le définir en peu de mots, l'on remet une chose fungible à quelqu'un, d'intention qu'il la rende en son tems en individus de même genre, de même qualité & bonté, & en telle quantité qu'il le faut pour égaler la valeur qu'avait réellement la chose prêtée, au tems qu'on la donnait.

§. DLXVIII.

Si la valeur que la chose avait au tems du prêt a été de quelque durée, ensorte que la chose ait pu courir sur ce pied-là, pendant le tems durant lequel le plus souvent il arrive qu'on employe ces choses, alors, quand même la valeur aurait changé dans la suite insensiblement ou tout-à-coup, l'on n'aura nul égard a un tel changement, quand il s'agira de rendre le prêt : il faudra que des individus du même genre que ceux qui ont été donnés, il en soit rendu en telle quantité qui puisse égaler la valeur qu'avait au tems du prêt, la totalité de ceux qui ont été livrés, selon ce qu'on les nombre, qu'on les pese ou qu'on les mesure ; parce que c'est-là la valeur sur le pied de laquelle l'emprunteur est censé les avoir employés, sur le pied de laquelle aussi il est à présumer que le prêteur les eût employés, s'il n'eût fait autre chose que de les prêter. Ainsi, la valeur actuelle d'une certaine quantité d'especes étant la même que celle qu'une même quantité des especes du même genre avait au

tems du prêt, il faudra rendre de ces efpeces
en même quantité, au nombre, au poids, à
la mefure. Si la valeur d'un moindre nombre
égale celle qu'avait au tems du prêt, tout le
nombre des efpeces délivrées, il fuffira d'en
rendre en ce nombre moindre, comme il faudra, fi un nombre plus grand que le nombre
reçu eft néceffaire, pour égaler la valeur qu'a-
vait celui - ci ; il faudra, dis - je, rendre en ce
nombre plus grand. C'eft ce que l'on entend
quand on dit, que l'accroit & le décroit de
la valeur des efpeces prêtées appartient à l'emprunteur.

§. DLXIX.

Il faut donc faire attention à la valeur que la
chofe prêtée avait réellement au tems du prêt,
& ne point prendre pour cette valeur - là celle
que la chofe paraiffait avoir ; mais, qui
ayant changé tout - à - coup d'abord après le
prêt, n'était point celle que la chofe avait réellement : il faudra donc prendre la valeur qui
s'eft manifeftée par ce changement fubit, en
tant qu'elle aura perféveré pendant l'efpace de
tems dont nous avons parlé tout-à-l'heure.

§. DLXX.

Au lieu de prêter des chofes fungibles, on
peut les échanger contre de celles qui en pro-
duifent d'autres, & qui font une valeur ajoutée à celle des premiers égale à la valeur des
fungibles échangées. Ainfi avec dix mille écus
ou leur valeur en chofes fungibles, je puis
acheter une métairie de cette valeur, à laquelle
j'aurai

j'aurai à ajouter les produits annuels de la métairie, dont la valeur ajoutée à ce que le fonds
a coûté, fera une valeur plus grande. Prêter des
choses fungibles pour n'en recevoir que la valeur
plus ou moins long-tems après le prêt, c'est renoncer à l'accroît de valeur, qui reviendrait de
ces choses en les échangeant contre de celles
qui produisent, ce que peut faire l'emprunteur lui - même. C'est alors prêter à consomption *gratuitement*: c'est faire un don de la valeur de l'accroît, lequel s'appelle *intérêt*, &
qui selon les divers emplois qui peuvent se faire
de la chose prêtée, peut être plus ou moins
grand pour celui qui emprunte, & l'aurait été
plus ou moins pour celui qui prête.

§. DLXXI.

Si celui qui prête ne veut le faire qu'autant
qu'on lui tiendra compte de cet intérêt ; s'il
estime cet intérêt à tant ; si l'emprunteur en
veut tenir compte ainsi, la convention devra
être observée sur ce pied - là, tant qu'il n'y
aura rien de ce qui peut d'ailleurs annuller
une convention, ou en demander la correction. Mais si en prêtant il n'a rien réservé pour
cet intérêt - là, il est censé donné, & ce qui
a été donné ne doit être redemandé; il est,
dis - je, censé donné, parce que pour qu'il
ne le fût pas, il faudrait qu'on sût quel sera
l'intérêt entre le prêteur & l'emprunteur. Or
comme il peut être différent de l'un à l'autre,
selon les circonstances de chacun, il ne reste
à rendre que ce qui est déterminé quant à la
valeur de la chose, & non quant à la valeur des

revenus de ce qu'on aurait pu échanger contre
cette chose - là.

§.   DLXXII.

Les regles de vertu veulent, que l'on use
de bienfaisance ; ce qui peut emporter en bien
des cas , que l'on doive prêter sans intérêt,
faire un don de l'intérêt, ne rien se réserver
à titre d'intérêt , & que, si l'on se réserve
quelque chose à ce titre, on le fasse avec équité
& modération , eu égard à l'état des choses &
des personnes. Mais dire, qu'en aucun cas la
vertu ne permet de se réserver aucun intérêt,
c'est - à - dire, que la vertu ne permet aucun
contract qui ne soit d'une part gratuit en tous
ou en partie : s'il n'est pas contraire à la vertu
dans tous les cas de ne point prêter du tout,
plutôt que de le faire en donnant l'intérêt à
l'emprunteur, comment le serait - il dans tous
les cas , de ne le faire qu'en se réservant un intérêt, puisqu'il en est de ces cas , où l'emprunteur aimera mieux promettre de tenir
compte de l'intérêt, que de se passer d'emprun-
ter, que d'essuier un refus de prêt , dans le
cas même où ce refus ne serait point contraire
à la vertu ?

§.   DLXXIII.

Si l'emprunteur est en retard de rendre, il
est juste qu'il dédommage de ce retard : l'intérêt courra dès lors, & il sera relatif à ce qu'il
est pour le prêteur, parce qu'en cas d'indemnité, à raison de ce qui est fait contre le droit,
il faut avoir égard à la valeur relative à la per-

sonne lézée , (§. CCXCIX, CCCIII, CCCIV.).

§. DLXXIV.

S'il est un intérêt déterminé par des loix positives obligatoires pour les contractans, il ne sera pas permis de le réserver plus haut, & l'intérêt du retard sera réglé là - dessus.

CHAPITRE XLI.

Du contract avec transport de propriété , tel que l'achat & la vente , l'échange & autres qui y ont rapport.

§. DLXXV.

ON transporte aussi la propriété d'une chose sans s'en retenir la valeur ; ce qui arrive, lorsque pour cette valeur , on donne ou l'on promet quelque autre chose : ce qui se fait soit par la vente & au moyen d'un prix éminent donné ou promis pour la chose vendue , ou par l'échange , lorsqu'une chose quelconque est donnée ou promise contre une autre ; soit enfin que l'on fasse don de la chose qu'on promet ou qu'on remet à quelqu'un, ou que celui - ci fasse ou promette de son côté de faire ceci ou cela.

§. DLXXVI.

Sur la matiere de la vente comme sur celle de la permutation des choses , & sur les autres contracts qui tiennent plus ou moins de ces deux , il y a à rappeller ce qui a été dit plus haut , du défaut des qualités entendues naturellement dans le contract , ou de celles qui ont été simulées par le vendeur ou l'échangeur , ou qui ont été réservées par l'acquéreur , & de ce que à raison de ces qualités , selon qu'elles sont essentielles ou accessoires , l'erreur donne lieu à la correction ou à la nullité du contract ; ensorte que dans ce dernier cas , la partie lézée peut , en rendant la chose défectueuse ou vicieuse , ou en refusant de la perdre , se libérer de ce qu'il a promis en réciproque , & redemander ce qu'il aura donné , &c.

§. DLXXVII.

Quand le vendeur ou l'échangeur d'une chose , a fait tout ce qui par le contract était entendu devoir être fait , pour qu'il acquit droit au prix ou à la chose contre - échangée , alors , non - obstant que celle - là vienne à périr ou à s'amoindrir dans la suite , il ne cesse pas pour cela d'être au bénéfice de son contract , & du droit de demander ou de retenir le prix ou la chose contre - échangée , si le contre - échangeur ou l'acheteur , ne s'est expliqué clairement pour qu'il en dût être autrement.

§. DLXXVIII.

Par conféquent, il faudra s'en tenir-là, fi lorfque le vendeur faifait tout ce qui était d'ailleurs à faire pour acquérir le droit au prix, la chofe vendue avait les qualités & l'intégrité entendues par le contract, quand même après cela elle ferait venue à déchoir de fon état, ou à dégénérer ou périr, fans qu'il y eût d'ailleurs de fa faute, fans qu'il eût manqué à une attention à laquelle il fût obligé.

§. DLXXIX.

Par - là même encore, le vendeur n'ayant eu autre chofe à faire que de confentir au tranfport de propriété, & ne pas empêcher que l'acheteur ne fe mit en poffeffion, & la chofe s'étant trouvée lors du confentement donné, dans l'état d'intégrité dont nous venons de parler, il demeurera dans fon droit de vendeur, non-obftant le cas repréfenté tout-à-l'heure.

§. DLXXX.

Si le vendeur n'ayant eu par la convention, qu'à faire l'expédition d'une certaine marchandife, en a expédié de celle qu'on entendait, & qui lors de l'expédition, était dans l'état entendu par le contract, ce qui méfarrive après cela à la marchandife, eft pour le compte de l'acheteur, qui ne peut fous ce prétexte apporter aucun changement au contract.

§. DLXXXI.

Mais fi la chofe vient à périr ou s'amoindrir & à fe corrompre avant que le vendeur eût
fait ce que lui feul par le contract, avait à
faire, pour acquérir le droit au prix, alors le
tout demeure à la charge de celui-ci. Ainfi d'u-
ne marchandife qui par le contract eft achetée
rendable en un tel lieu pour lequel elle doit
être expédiée, le prix ne fera dû qu'autant
qu'elle y fera arrivée en la qualité entendue
par le contract : de maniere que fi le défaut de
qualité eft effentiel, l'acheteur ne devra rien
du tout, s'il veut ne point recevoir la marchandife ; & s'il n'eft pas effentiel, il fera en droit
de diminuer du prix à proportion, quand même la marchandife aurait été expédiée en bon
état. Que s'il y a à cela de la faute ou de la malice du vendeur, l'acheteur fera non-feulement
en droit de rebuter la marchandife non affez
qualifiée ; mais même de prétendre à un dédommagement de ce qui lui importe qu'il eût
été pourvu à l'accompliffement de la promeffe
fur laquelle il comptait.

§. DLXXXII.

Le contract portant que pour acquérir au
vendeur le droit au prix, celui-ci aurait à
faire certaine chofe de concert avec l'acheteur ;
fi avant que cette chofe foit faite fans qu'il y
ait du retard à cela, du côté de l'acheteur plus
que du côté du vendeur ; fi, dis-je, ce qui
fait l'objet du contract vient à périr ou à dégénérer de la qualité entendue par le contract,

la perte alors eſt pour le compte du vendeur ,
qui ne pourra point demander ou retenir le
prix , pas même en partie , ſi la choſe était périe ou ſi elle avait perdu de ſes qualités eſſen-
tielles. Ainſi par exemple , en convenant du
prix d'une certaine maiſon , on convient qu'à
tel jour la vente ſera ſtipulée ſur les mains d'un
Notaire ; avant le jour venu pour la ſtipula-
tion , la maiſon périt - elle , ſans même qu'il y
ait de la faute du vendeur , c'eſt pour le compte de celui - ci qu'elle eſt périe. Ainſi encore ,
en convenant du prix d'un tas de grain , à tant
par boiſſeau , d'une proviſion de vin qui eſt
dans le cellier , à tant par muids , on convient
du jour pour peſer , pour meſurer , pour goû-
ter le vin ; en attendant ce jour , le grain , le
vin viendra à périr , ſi même il n'y a pas de
la faute du vendeur , c'eſt pour ſon compte
que ces objets , avant ce tems - là , périſſent
ou perdent de la qualité entendue par le contract.

§. DLXXXIII.

Lorſque ce qui eſt à faire de concert par le
vendeur & par l'acheteur n'eſt pas néceſſaire
pour la détermination de la choſe vendue ou
du prix , qui ſont déterminés déja ſans cela ,
comme dans l'exemple d'une maiſon vendue
à tel prix , en marquant un jour pour faire
ſtipuler la vente ſur mains de Notaire ; alors ,
ſi l'acheteur manque de ſe prêter à ce qui eſt à
faire & à quoi le vendeur de ſon côté ne manque point , la choſe ne venant à périr qu'après
le tems marqué pour faire ce qui reſtait à faire ,

ce n'eſt plus pour le compte du vendeur , mais c'eſt pour celui de l'acheteur qu'elle périt , non - obſtant que ce qui était à faire n'ait pas encore été fait ; & le prix qui eſt déja déterminé ſans cela , auſſi bien que la choſe vendue , ſera dû , s'il n'eſt encore payé , ſans qu'il ſoit beſoin, du côté du vendeur , d'avoir pris d'autre précaution que celle de ne pas manquer à ce qui reſtait à faire avec l'acheteur , qui de ſon côté y aura manqué.

§. DLXXXIV.

Mais ſi le montant du prix ou de la choſe vendue n'était pas déterminé, s'il y avait quelque ſéparation corporelle à faire , ſi c'était pour une telle détermination que devait être fait ce qui reſtait à faire de concert entre le vendeur & l'acheteur , & pourquoi l'on avait marqué un tems , alors ce ne ſera pas aſſez que le vendeur n'y ait point manqué, pour pouvoir exiger un tel prix , & mettre ſur le compte de l'acheteur la perte ſurvenue après le jour marqué , à ce qui faiſait l'objet de la vente : il faut de plus que le vendeur ait fait , en tant qu'en lui eſt , cette détermination , cette ſéparation , & qu'il l'ait faite ſavoir à l'acheteur , avec proteſtation que s'il perſiſte dans le retard , & ne vient concourir à la détermination dans un tel tems , la choſe des ce tems - là , & ſur le pied de cette détermination & ſéparation faite , ſera à ſes périls & riſques , à la décharge du vendeur.

§. DLXXXV.

Si la chose vendue est périe ou amoindrie par une suite d'un vice ou d'un défaut réservé, que la chose aurait eu déja dans les tems dont on a parlé ci - dessus, comme lors de la vente, lorsque ce qui était encore à faire, & à quoi l'acheteur n'aura point manqué de son côté, n'était pas fait, alors la chose est périe ou amoindrie pour le compte du vendeur.

§. DLXXXVI.

Les conjectures fondées sur ce qui arrive le plus souvent & sur les observations de la nature des choses, servent à déterminer si le défaut ensuite duquel la chose est venue à périr, & qui est réservé dans le contract tacitement ou expressément, existait dans le tems ou après le tems dont on vient de parler ; & de - là dépend ce qui est à savoir, si la chose est périe pour le compte du vendeur ou pour le compte de l'acheteur. Par exemple, si l'animal qui m'a été vendu & délivré au terme du contract, est péri quinze jours après une maladie de six semaines ; mais qui était cachée, il sera non pour mon compte, mais pour celui du vendeur, qui devra me libérer du prix ou me rendre s'il l'avait déja reçu ; ce qui est le cas de l'action appellée dans le Droit Romain, action *rédhibitoire*, fondée sur ce que les choses ne se sont pas trouvées telles qu'il était entendu par le contract qu'elles devaient être, pour que le vendeur fit l'acquisition du prix.

§. DLXXXVII.

Si la vente a été faite sous condition suspensive, (§. CDLXXI.), la chose venant à périr avant l'échéance du cas de la condition, périt pour le compte du vendeur; parce qu'a-
lors la chose en est aux termes de ne pouvoir
plus passer en la propriété de l'acheteur, ainsi
qu'il le fallait pour que le prix fût acquis au
vendeur.

§. DLXXXVIII.

Il en sera de même si la chose est venue à périr ou à perdre des qualités entendues par le
contract, avant le tems jusques auquel le vendeur se serait réservé la liberté de vendre la
chose à quelqu'autre acheteur qui lui en offri-
rait un prix plus considérable.

§. DLXXXIX.

Mais si la chose vendue vient à périr après
l'échéance du cas d'une condition résolutive
de la vente, elle sera périe pour le compte de
l'acheteur; parce que les choses en sont venues
au terme d'où la chose ne peut plus revenir en
la propriété du vendeur, lequel d'ailleurs n'a
rien de plus à faire que ce qui est fait pour avoir
acquis droit au prix.

§. DXC.

Par une raison semblable, quand même la
chose vendue vient à périr avant le tems jusques auquel le vendeur s'est réservé la liberté de

la racheter au même prix, elle est périe pour le compte de l'acheteur.

§. DXCI.

Par la même raison encore, quoique la chose vienne à périr avant le tems marqué pour le payement, à défaut duquel le vendeur s'est réservé de reprendre à soi la chose vendue, cela n'empêche point qu'elle ne soit périe pour le compte de l'acheteur.

§. DXCII.

De même aussi, une chose étant vendue à condition que l'acheteur voulant la revendre à un autre, sera obligé de la présenter au vendeur au prix pour lequel celui-là serait disposé à la vendre, si elle vient à périr, avant que le vendeur en ait accepté le rachat de préférence, elle périt pour le compte de l'acheteur.

§. DXCIII.

Pour que le vendeur ait droit de demander ou de retenir le prix de la chose vendue, il faut que par la vente l'acheteur en soit devenu réellement propriétaire : si donc il se trouve qu'il ne l'est pas devenu, à cause du droit d'un tiers qui vient évincer la chose des mains de l'acheteur, celui-ci a droit de refuser le prix au vendeur, ou de le lui redemander s'il le lui avait déja livré ; parce que les choses ne se sont pas trouvées dans la condition entendue par le contract de vente.

§. DXCIV.

Mais il faut que l'acheteur donne au vendeur connaissance de la demande en éviction, afin que celui-ci ait la liberté de contester au demandeur la propriété que ce dernier prétend avoir. Si après cet avertissement le vendeur ne fait aucune démarche pour contester cette propriété, comme il doit le faire à ses périls & risques, l'acheteur alors peut céder à l'éviction, sur laquelle il n'est point obligé d'entrer en contestation ; puis recourir contre le vendeur pour qu'il lui restitue le prix, ou le lui refuser absolument, s'il ne le lui a pas encore payé.

§. DCXV.

Il faut raisonner de la même manière, pour le cas ou la chose vendue se trouvera chargée de quelque servitude, contre des réserves naturelles ou expresses du contract de vente.

§. DXCVI.

La vente d'une chose emporte naturellement celle de ses dépendances, si elles ne sont exceptées par une explication claire du vendeur. L'on doit mettre au nombre de ces dépendances, non-seulement celles qui sont tellement liées ou attachées à la chose vendue, qu'elles ne peuvent en être séparées sans nuire à la substance des unes ou des autres, ou sans qu'il faille pour une telle séparation, faire une dépense qui absorberait presque la valeur de la chose séparée, ou de celle qui reste ; mais en-

core on y comprendra les chofes fans lefquelles la chofe vendue ne fera pas telle qu'elle eft
entendue par le contract, & n'aurait pas la
qualité indiquée par le nom donné dans le contract à la chofe vendue. Ainfi en vendant une
épée, ce n'eft pas la lame feulement que l'on
vend, mais la poignée ; en vendant une maifon, l'on en vend les portes & les fenètres fer-
mantes, quoiqu'on puiffe très-aifément les en
ôter fans nuire à leur fubftance, ni à celle de ce
qui refte : c'eft parce qu'on n'appelle pas maifon ce qui n'a ni porte ni fenètres ; épée ce qui
n'a point de poignée.

§. DXCVII.

Mais quand même une chofe fervirait pour
orner celle qui eft vendue, ou pour faire ufage de celle-ci, ou pour la maintenir & la bo-
nifier, elle ne fera une dépendance de cette
chofe vendue & ne la fuivra, qu'autant que
l'acheteur fe le fera réfervé par une explication
claire, fi d'ailleurs cette chofe n'a avec celle
qui eft vendue aucune des relations dont on
vient de parler. Ainfi la felle ne fera pas vendue avec le cheval ; les tentures de tapifferie
ne feront pas vendues avec l'hôtel, fi l'on ne
s'eft fervi des termes de cheval fellé, d'hôtel
garni ; le fumier amaffé pour l'engrais ne fera
pas vendu avec la métairie, fi l'on n'a dit la
métairie & fon engrais, &c.

CHAPITRE XLII.

Des contracts portans obligation de faire, de
soigner, de gérer les affaires de quelqu'un,
& de leurs différentes especes.

§. DXCVIII.

SI je me suis chargé des affaires de quelqu'un, de soigner ou garder en dépôt quelque chose, soit que je m'y sois engagé gratuitement, soit que je l'aie fait pour un certain
salaire, je suis obligé de donner les soins que
demande la nature de ce dont il s'agit, autant que le maître, qui aurait été seul à portée de la connaître, ne me l'aura pas laissé
ignorer.

§. DXCIX.

Si je me présente comme connaissant le procédé qu'il faut tenir à l'égard de ce dont il s'a-
git, & que celui à qui la chose appartient se trouvera censé ignorer lui-même, comme dans
le cas où l'on se donne à quelqu'un pour artiste ; alors je suis responsable de ce qui pourra
mésarriver, au cas que je n'aye pas suivi dans
le procédé, les regles ordinaires de l'art dont
il s'agit.

§. DC.

Dans les affaires sur lesquelles l'artiste ne
peut opérer sans qu'elles soyent exposées à une

deftruction qui peut aifément être l'effet de la mal - adreffe, de l'inattention, ou même de la malice, fans qu'il en puiffe paraître; alors le péril de la chofe eft au rifque de l'artifte, qui à raifon de cela a coutume d'exiger qu'on lui paye, en cas de fuccès, un falaire proportionné à ce rifque. La perte de la chofe fera donc pour fon compte, s'il ne parait d'ailleurs qu'il faille l'attribuer à quelqu'autre caufe qu'à fa mal - adreffe ou à fon inattention, comme fi la chofe fe trouvait avoir des défauts inconnus auparavant, qui euffent rendu l'opération malheureufe. C'eft ainfi qu'un graveur, s'il caffe ou gâte la pierre précieufe qu'il a prife à travailler, doit en payer la valeur au propriétaire, duquel il n'a droit d'exiger d'ailleurs aucun falaire, attendu que l'ouvrage pour lequel il était promis n'eft pas fait, (§.DLXXXI).

§. DCI.

Quant aux autres cas où le mauvais fuccès n'eft pas aifément l'effet d'une inattention, d'une mal - adreffe ou d'une malice aifée à cacher & à colorer des apparences d'adreffe & d'attention, ce n'eft qu'à raifon du défaut d'attention que le géreur ou le commiffionnaire fera refponfable au propriétaire ou conftituant, de la perte qui arrive aux chofes dont il s'agit.

§. DCII.

Dans un cas de trouble, où je fuis forcé d'abandonner mes affaires au premier homme que je puis rencontrer, celui à qui je les remets, ne me répondra que de la faute lourde

& de la malice, *præstabit culpam latam & dolum*, s'il s'en est chargé sans aucun salaire : il n'est pas tenu à moins, ayant voulu, en se chargeant de mes affaires, qu'elles fussent plus en sûreté que si personne ne les soignait du tout point ; il n'est pas tenu à plus, n'étant pas douteux que, dans un cas tel qu'on vient de dire, où faute de trouver incessamment quelqu'un à qui remettre le soin de mes affaires, elles allaient périr, j'ai pu préférer à ce péril certain, le succès incertain du bas degré d'attention, de maniere à ne pouvoir exiger une indemnité, qu'autant que l'on manquerait à ce bas degré d'attention, ce qui est le cas de la faute lourde, ou autant que le mal viendrait de ce qu'on ferait ou omettrait quelque chose à dessein.

§. DCIII.

Mais s'il y a du salaire, ou si la chose n'est pas pressée, ainsi qu'on vient de le dire, celui qui accepte de se charger de mes affaires, m'est responsable de la faute légere ; *præstabit culpam levem* : c'est-à-dire, qu'il me devra l'indemnité pour tout dommage résultant à ces affaires-là, de ce qu'il n'y aura pas apporté l'attention du moyen ordre, qui est celle que chaque homme est présumé avoir dans ses propres affaires.

§. DCIV.

Le Droit Romain suppose que lorsqu'on se charge des affaires d'autrui gratuitement, c'est alors de la part du commissionnaire une profession

feffion d'amitié, à raifon de laquelle il devient
en ce cas refponfable de la plus légere faute ;
præftare debet culpam leviffimam : c'eft à dire ,
qu'il eft obligé de réparer tout ce qui méfarrive
de ce qu'il aura manqué de porter l'attention
au plus haut degré , à celui où les plus atten-
tifs atteignent dans leurs propres affaires.
Mais on voit bien que les Jurifconfultes Romains
ont fait là de l'amitié une regle de droit extérieur ou contraignant , qui n'a lieu que par
la loi pofitive, ou par droit introduit , pour
le cas dont il s'agit ici.

§. DCV.

Il voulait auffi ce même droit , que celui
qui demandait qu'on le préférât à un autre
pour la geftion de quelque affaire , fût refponfable de la faute la plus légere ; comme
fi par-là il fe fût chargé d'une attention plus
grande que la moyenne dont eft cenfé capable le propriétaire, & la perfonne à qui l'on
a voulu être préféré. Mais ne peut - on pas
dire , que demander cette préférence , ce n'eft
pas fe donner pour capable d'une attention
fupérieure à la moyenne ; mais comme étant
plus à portée que l'autre , d'apporter à la
chofe dont il s'agit , l'attention que le propriétaire eft cenfé avoir lui - même dans fes
propres affaires , favoir l'attention du moyen
ordre ? En effet, celui-ci ne paraît pas avoir
lieu de fe plaindre , fi la chofe a été autant
foignée par le géreur , qu'elle pourrait l'avoir
été par celui-là même , foit que le géreur
s'en foit chargé pour un falaire , foit qu'il

l'ait fait gratuitement, foit en s'offrant de lui-même, foit en le faif ant à larequête du propriétaire.

§. DCVI.

Si la perfonne qui m'a chargé de fes affaires , ne m'a point donné d'inftruction à
laquelle je duffe me tenir , je ne ferai point
refponfable de ce qui méfarrivera , fi avec le
degré d'attention dont on vient de parler ,
je me fuis acquitté de la commiffion felon les
regles d'un procédé raifonnable & probablement afforti avec ce qui pouvait m'être connu
de la nature de la chofe dont il s'agiffait.

§. DCVII.

Ce fera autre chofe , fi je me fuis ingéré
dans les affaires de quelqu'un malgré lui ou
à fon infçu , ou fi je me fuis écarté des inf-
tructions qui m'auront été données , & du
procédé qui m'aura été prefcrit : alors , non-
feulement je fuis refponfable de la plus légere
faute ; mais tout ce qui méfarrivera , fera
à mes périls & rifques , à moins que le mal
ne fût tel , qu'il aurait également eu lieu ,
quand même la chofe n'eût pas été entre-
prife , quand même je ne me ferais pas écarté
du procédé prefcrit.

§. DCVIII.

Autrement , rien ne ferait plus aifé que
de faire impunément le mal à quelqu'un ,
même à deffein , fous couleur de rendre fervice. Il n'y aurait qu'à faifir le côté probable qui s'écarte du procédé prefcrit , & de

celui qu'aurait pu marquer le propriétaire de l'affaire, si elle eût été entreprise lui le voulant ou le sachant; procédé qu'il n'a pu indiquer à celui qui s'ingere dans ses affaires sans sa participation.

§. DCIX.

Au reste, dans les cas dont on vient de parler, la valeur des profits qui peuvent être revenus d'un côté au propriétaire, de ce que l'on a fait en s'écartant du procédé, ou en s'ingérant dans ses affaires à son insçu, doit être excompté du dommage que ces affaires ont souffert par-là d'un autre côté, en tant que cette valeur là est réelle relativement au propriétaire même.

§. DCX.

Les dépenses que mon commissionnaire, qui aura géré selon le droit du contract, aura appliqué à mes affaires, devront lui être restituées, sur-tout, s'il a géré gratuitement, & même s'il l'a fait pour un certain salaire, dans lequel n'auront pas été comprises ces dépenses, qui d'ailleurs dans l'un & l'autre cas, auront été faites selon que le réquérait la nature de la chose dont il s'agit : en redemander d'autres, ce serait, sous couleur de rendre service, charger quelqu'un de dépenses qu'il n'aurait point voulu faire ; mais celles-là pourront être redemandées, quand même contre espérance, la chose n'aura pas réussi, pourvu que le procédé marqué ait été tenu, ou que, le procédé n'ayant pas été marqué,

le géreur en ait tenu un raisonnable & assorti
à ce qu'il pouvait & devait connaître de l'affaire dont il s'agissait.

§. DCXI.

Quand on a entrepris les affaires de quelqu'un à son insu, on peut bien aussi lui redemander les dépenses qu'on y a faites, en
tant qu'elles auront réussi & qu'elles auront
apporté à ses affaires une utilité relative à sa
personne, & que ces dépenses ne la passeront
pas. Mais on ne peut rien lui demander de
plus, quand même l'on aurait d'ailleurs tenu
le procédé le plus probable : il faudra même
en ce cas le relever de toute perte, comme
on l'a dit tout à l'heure (§. DCVII.)

§. DCXII.

Celui qui a entrepris gratuitement les affaires
de quelqu'un, peut, sans lui en être responsable, les laisser, pour courir aux siennes
qui sont plus considérables, dans un cas
pressant & imprévu ; & s'il a fait le sacrifice
des siens moins considérables à celles d'autrui
dont il s'était chargé gratuitement, ce sacrifice doit lui être récompensé.

§. DCXIII.

Il n'en est pas de même, si la gestion est
entreprise pour un salaire, si ce n'est que l'on
peut, en perdant le droit du salaire, abandonner la chose entreprise, sans être tenu
d'ailleurs à aucun dédommagement, dans le
cas, où l'on y a été contraint pour se tirer

de quelque danger grand & preſſant , & dans une affaire , qui n'eſt pas de la nature de celles qui demandent , que pour les faire , on brave le danger ou la mort même. Voyez ci-deſſus (§. CCCXXXII.) ce qui a été dit du privilege de la néceſſité.

§. DCXIV.

Si quelqu'un , en faiſant gratuitement les les affaires dont je l'avais chargé , a ſouffert , ſans qu'il y ait eu de ma faute , quelque mal inattendu , ou dont il n'avait plus ſujet de ſe douter en entreprenant ces affaires qu'en ne s'en mêlant point , il n'y a alors aucune raiſon de droit qui m'en rende reſponſable , & qui l'autoriſe à exiger de moi un dédommagement , ſi je n'ai pas la généroſité de le lui faire , comme la vertu & l'équité peuvent m'en impoſer l'obligation en de telles rencontres. En effet il n'eſt pas vrai , qu'on ne puiſſe demeurer chargé d'un accident fâcheux, auquel on ne ſe verra pas moins expoſé en n'entreprenant point une affaire qu'en l'entreprenant.

§. DCXV.

C'eſt autre choſe , ſi l'affaire était périlleuſe de ſa nature : alors le mal qui en revient à celui qu'on en avait chargé , doit lui être récompenſé ; & cette récompenſe devra même être ajoutée au ſalaire , qui aurait été permis , ſi d'ailleurs en le fixant l'on n'avait pas eu égard à ce que l'entrepriſe avait de périlleux , comme lorſqu'on n'aurait réglé que le ſalaire ordinaire à celles qui se font sans danger. Ceci est fondé sur ce qu'il n'est point naturel de supposer que quelqu'un se charge des risques d'une entreprise, hors de laquelle il n'a pas à craindre un mal pareil à celui auquel l'entreprise paraît l'exposer.

CHAPITRE XLIII.

Application des principes précédens au dépôt, soit gratuit soit intéressé.

§. DCXVI.

A prendre le terme de *dépôt* sur le pied d'une chose que l'on dépose chez quelqu'un, celui - ci ne faisant autre chose que de permettre que cela se fasse, ou prêtant seulement la place gratuitement, ou pour un salaire ; l'affaire alors reviendra au *précaire*, au *prêt gratuit* ou *intéressé*. D'ailleurs le propriétaire de la place n'est point dans l'obligation de soigner la chose, tant qu'il veut ne s'y point ingérer. Et quant à la place même, en tant qu'elle fait la matiere du précaire, & du prêt gratuit ou intéressé à titre de location, le droit du propriétaire se trouvera demeurant en entier, ou limité selon ce qu'on a dit au chapitre du prêt. Sur quoi aussi il faut se rappeller ce qui a été dit du vice de la chose prêtée, & dont le préteur peut être respon-

fable (§. DLXII.) comme de fon côté le dépofitaire le fera du mal qu'aura caufé la chofe
dépofée par un vice fur lequel il y avait des
précautions à indiquer (§. DCXIII.). Si le
dépofitaire s'eft chargé de la garde de la chofe
dépofée, ceci a rapport au contract qui a fait
la matiere du chapitre précédent. Ainfi dans
le cas où le dépôt eft une affaire preffée, n'y
ayant point de falaire, le dépofitaire ne fera
refponfable que de la faute lourde & de la
malice (§. DCII.) ; mais, l'affaire n'étant
pas preffée, le dépofitaire eft refponfable de
la faute légere, mais non pas de la tres-légere.
Il en eft de même dans le cas où il y a du
falaire, que la chofe foit preffée ou non,
(§. DCIII.).

§. DCXVII.

Le propriétaire du dépôt peut, quand il
lui plait, le redemander, le retirer à lui,
en payant au dépofitaire le falaire, s'il lui
en eft promis quelqu'un ; ce qu'attendant,
celui-ci a droit de retenir le dépôt, pour sûreté de l'acquittement du falaire. Et comme
dans l'état de nature, chaque créancier comme
tel, eft en droit d'exécuter fur les biens de
fon débiteur, & de lui prendre des gages,
en cas que celui-ci foit en défaut de payement,
un dépofitaire pourra à raifon d'un tel défaut,
retenir le dépôt pour gage, & pour sûreté
de ce qui n'eft pas acquitté ainfi qu'il devait
l'être. Mais il ne peut le retenir pour sûreté
d'une dette que le propriétaire du dépôt ne
ferait pas encore dans le cas de devoir payer,

on dont le terme, par exemple , ne ferait
pas encore échû. Dans l'état de fociété civile,
la retenue du dépôt, pour gage , dans le cas
précédent , ne pourra fe faire que par l'autorité du juge , auprès duquel le dépofitaire
devra fe pourvoir à ce fujet.

§. DCXVIII.

Si le dépofitaire rend le dépôt à d'autre
perfonne que celle qui le lui a confié , il en
fera refponfable à celle-ci , en tant qu'il ne
paraîtra pas clairement, que cette autre perfonne eût plus de droit que le dépofiteur, à
demander & à tenir la chofe dépofée.

§. DCXIX.

En rendant le dépôt à celui qui l'a confié,
l'on n'en eft point refponfable à celui qui
aurait plus de droit que lui fur la chofe dépofée , tant qu'il ne paraîtra pas clairement
qu'en recevant le dépôt du premier & en le
lui rendant, on fe foit entendu avec lui pour
faire tort à l'autre.

§. DCXX.

Celui qui me confie un dépôt , n'eft pas
cenfé par-là m'en avoir accordé l'ufage. Par-
conféquent , fi je me fers de la chofe dépofée,
avec quelque précaution que je le faffe , je
fuis refponfable de tout ce qui méfarrive à
cette chofe, à l'occafion de ce que je m'en
ferai fervi , en tant qu'il ne paraîtra pas que,
fi même je me fuffe abftenu de m'en fervir,
elle ferait également périe ou amoindrie,
(§. DCVII.).

§.   DCXXI.

Le dépositaire ayant laissé cachetées, comme il le doit, des choses fungibles qui lui auront été remises en cet état pour les garder ; en ayant mis à part des choses de cette espece qu'il aura reçues à découvert pour les garder si elles viennent à manquer, & qu'il paraisse qu'il n'y a pas de sa faute, c'est-à-dire, qu'il y a donné son attention autant qu'il y était obligé par la nature de l'affaire, cette perte sera toute pour le compte du seul propriétaire, si d'ailleurs il ne parait pas qu'à raison d'un certain salaire donné au dépositaire, il ait pris à sa charge l'espece de péril où la chose s'est trouvée enveloppée.

§. DCXXII.

Mais si le dépositaire a confondu, comme il le pouvait, avec les especes qui lui appartiennent, celles qu'il a reçues à découvert, il y a alors une sorte de communication entre lui & le dépositeur, à qui il doit faire droit de sa part quand il redemandera le dépôt ; & s'il vient à périr ou à manquer quelque chose du monceau, sans qu'il y ait de la faute du dépositaire, la perte en sera supportée par chacun, à raison des portions respectives, jusqu'à concurrence de la valeur de ce qui a été déposé, passée laquelle, ce qu'il y a de perte demeure à la charge du dépositaire. Mais les risques pourront bien être à la charge du dépositaire, en tant qu'il paraîtra qu'à raison d'un salaire, il aura pu être chargé de

l'espece de péril où la chose a été enveloppée ;
car il en est tel dont il ne parait pas en être
chargé , comme du pillage qui se fera dans
une ville prise d'assaut , ou d'un embrasement
de quartier &c.

§. DCXXIII.

Ce que l'on vient de dire au commencement de ce dernier article , ne doit point
être appliqué au cas d'une somme prêtée chez
un négociant qui s'engage à la rendre au
bout de quelques jours d'avertissement, avec
intérêt ou sans intérêt. Quoique cela s'appelle dans le langage vulgaire, *mettre en dépôt
chez un négociant , chez un banquier* ; c'est
néanmoins un prêt à consomption , auquel
il faut appliquer ce qui a été dit plus haut
de cette espece de contract , par lequel l'emprunteur devient propriétaire de toutes les
especes prêtées , & est débiteur de la valeur ,
ensorte que les especes qu'il a reçues , ne
peuvent périr que pour son compte.

§. DCXXIV.

Celui qui décachete le dépôt des choses
fungibles qui lui ont été confiées , le rend ,
autant qu'il est en lui , propriétaire des individus déposés , & débiteur de la quantité ou
de la valeur , comme l'est celui qui emprunte
à consomption. Voilà pourquoi , sans que le
dépositeur soit obligé d'ailleurs de regarder
l'affaire comme un prêt , si ces choses viennent à périr par quelque accident que ce soit ,
c'est pour le compte de ce dépositaire qu'elles

périſſent; & il ne laiſſe pas d'en devoir la valeur, comme ſi elles lui euſſent en effet été prêtées à conſomption.

CHAPITRE XLIV.

Du contract de ſociété tant univerſelle ou gé-nérale, que ſpéciale.

§. DCXXV.

DEUX ou pluſieurs contractans ſe propo-ſant un avantage commun, ſe font pour cela participans des droits qu'ils ont chacun reſ-pectivement ſur certaines choſes, & s'engagent à faire ceci ou cela en vue de cet avantage commun; c'eſt-là ce qu'on nomme le *contract de ſociété.*

§. DCXXVI.

Il eſt viſible, que par ce contract, chacun des aſſociés, pris un à un, ſe trouve vis-à-vis de tous les autres pris enſemble, dans le cas où deux contractans ſont liés l'un à l'autre par des obligations & des droits réciproques à forme de leur contract : enſorte que chacun des aſſociés eſt obligé envers tous les autres pris enſemble conſidérés comme une perſonne morale, qui ayant acquis un droit par ce contract, doit auſſi s'en tenir à ce qui eſt en-

tendu à la charge & en faveur de chacun des
aſſociés , vis-à-vis de tous les autres.

§. DCXXVII.

Par conſéquent , les articles du contract de
ſociété , & les droits qui en dérivent , ne peuvent être changés par une partie des aſſociés ,
fût-elle la plus grande , malgré l'autre , celle-
ci fût-elle réduite à un ſeul ; à moins que la
ſociété & les objets de ſes articles ne ſoient
de telle nature , que pour le but même qu'on
s'eſt propoſé en la formant , il faille que ce
changement puiſſe ſe faire de cette maniere.

§. DCXXVIII.

Quelque ſoin que l'on prenne à déterminer , en formant une ſociété , ſon objet & les
moyens d'y parvenir , il reſtera toujours pour
la ſuite quelque choſe à déterminer ultérieu-
rement , ſelon les conjonctures que l'on n'a pu
prévoir aſſez , pour prendre dès le commencement le parti qu'elles peuvent exiger. A cet
égard , ſi l'on n'a pas réglé en formant la ſociété , que l'on ſe tiendrait à ce que telle partie ,
ou telle perſonne du corps déterminerait ſur
ces choſes-là ; il eſt entendu par le contract ,
que la volonté du plus grand nombre ſera
ce à quoi il faudra ſe tenir.

§. DCXXIX.

Ce qui n'eſt pas fait demeure à ces termes-
là en cas d'égalité de ſuffrages ſur la propo-
ſition de choſe à faire : c'eſt-à-dire , qu'alors ,
ou en cas d'égalité de ſuffrages , la partie qui

rejette la propofition prévaut fur celle qui l'admet, quand cette propofition tend à changer l'état actuel des chofes.

§. DCXXX.

Quelquefois on fe détermine dans le contract, à quels de ces articles il pourra être apporté quelque changement par la pluralité des fuffrages des affociés ; de combien cette pluralité devra être plus grande que la partie qui voudrait laiffer les chofes dans l'état où elles fe trouvent.

§. DCXXXI.

Dès que le tems affigné pour la durée d'une fociété eft écoulé ; dès que l'affaire, pour laquelle la fociété a été contractée, eft finie, chacun a droit de fe retirer de l'affociation, de retirer à foi ce dont il n'avait communiqué que l'ufage fans la propriété, de fe faire donner fa part de ce dont la fociété eft devenue propriétaire, ainfi qu'on le dira ci-après.

§. DCXXXII.

Il en fera de même s'il vient à manquer une chofe, fans laquelle les affaires de la fociété ne peuvent réuffir, à moins que cette chofe ne puiffe être remplacée par une pareille, fans qu'il faille pour cela de nouvelles contributions outre celles qui ont été faites, ou auxquelles on ne fe ferait pas engagé dès le commencement ou dans la fuite, par prévoyance de tels cas.

§. DCXXXIII.

Si l'un des affociés vient à manquer, les autres enfemble ne font plus cette perfonne morale avec qui chacun s'était lié à demeurer en fociété. Voilà pourquoi, autant que la nature de l'affaire dont il s'agit peut le permettre, chaque affocié eft en ce cas là en liberté de fe retirer de la fociété.

§. DCXXXIV.

Si la chofe que quelqu'un des affociés a communiquée à la fociété, pour l'en rendre propriétaire, vient à périr, il ne ceffe pas pour cela de continuer à avoir droit à la fociété, & à y demeurer auffi bien que les autres, en tant qu'elle fubfifte entre ceux-ci ; car cette chofe qui eft venue à périr, était comme vendue & remife en propriété à la fociété ; vente & délivrance qui étant faite, lui a acquis le droit au prix, qui eft ici la part qu'il a acquife aux affaires de la fociété,

§. DCXXXV.

Mais en fociété qui n'eft pas générale, fi la chofe n'avait été communiquée que quant à l'ufage feulement, par cet affocié qui fe ferait retenu la propriété : il eft en ce cas comme un locateur ; la chofe communiquée, comme une chofe donnée à loyer, & ce loyer, qui eft la part que cet affocié a aux affaires de la fociété, doit ceffer dès que la chofe vient à périr. Voilà pourquoi en ce cas, il n'aura plus cette part pour l'avenir; & il sera hors de la société, si même elle subsiste entre les autres associés.

§. DCXXXVI.

Cependant si la société était générale, c'est-à-dire, de tous les revenus des biens respectifs des associés, nonobstant que ce qui appartient à l'un d'entr'eux vienne à périr, il continuera à avoir part aux revenus des biens des autres; & le but d'un tel contract conduit a dire que c'est sur ce pied-là qu'on s'est entendu.

§. DCXXXVII.

Chaque associé, en tant que par les articles du contract ou par les arrangemens pris en conséquence, il est appellé à vaquer à quelqu'une des affaires de la société, est responsable de la faute légere; les associés étant censés par leur contract, s'être promis l'attention du moyen ordre, de l'ordre de celle que chacun est censé avoir dans ses propres affaires. Quant à la préférence qu'il doit donner aux affaires de la société par dessus les siennes, il faut rappeller à cet égard ce qui a été dit ci-dessus (§. DCIII.) du géreur d'affaires intéressé, tel que le peut être aussi un associé par rapport aux affaires de la société aux profits de laquelle il a part. Il faudra faire la même application de ce qui a été dit (§. DCX.) sur les dépenses que l'associé, ainsi que géreur d'affaires, aura faites pour ce qui concerne la société.

§. DCXXXVIII.

Celui des associés qui s'est rendu coupable de malice ou de faute lourde, n'a plus droit à demeurer en société malgré les autres; mais dans le cas de la faute légere, c'est assez qu'il soit tenu à la réparer.

§. DCXXXIX.

La société étant finie par l'écoulement du tems pour lequel elle a été faite, par la consommation de l'affaire dont il s'y agissait, ou par les accidens qui la terminent, ainsi que nous l'avons vu ci-dessus (§. DCXXXI, DCXXXII, DCXXXIII.), alors, non seulément chaque associé a droit de reprendre à soi ce qu'il a communiqué quant à l'usage; mais de plus, il a droit de compulser le partage de ce qui appartient à la société, afin qu'il en retire la valeur de la part qu'il peut y avoir.

§. DCXL.

Cette part pour chacun doit être proportionnelle à ce dont il a contribué dans l'association, & dont on estime quelquefois la valeur par le contract même, ayant égard à ce que chacun apporte d'industrie & de travail aux affaires de la société. La méthode dont on se sert pour cela, c'est d'établir un certain nombre de dividens, dont un, pris une fois, ou répété, puisse égaler

sans

fans refte la part que chacun doit avoir proportionnellement à ce qu'il a apporté. Si les
affociés ont également contribué, leurs parts
devant être égales, il y aura autant de divi-
videns qu'il y a d'affociés. Si les parts font
inégales, on fera des dividens ou portions
égales du tout, autant qu'il en faut pour que
chaque affocié en puiffe avoir le nombre qui
égale fa part proportionnelle à ce qu'il a apporté : enforte que celui qui aura le plus contribué, prendra de ces dividens le plus grand
nombre ; & celui qui aura le moins contribué, le plus petit nombre, & ainfi des autres
à proportion.

§. DCXLI.

Si les chofes à partager font de différens
genres, en faifant autant de lots qu'il y a
de dividens, on diftribuera, pour chacun
de ces lots, les chofes de maniere qu'ils foient
cenfés égaux en valeur ; & comme l'on n'eft
pas toujours d'accord fur la valeur des chofes,
chaque affocié a également droit de former
ces lots, chacun felon fon opinion ; & le fort
doit décider dequel d'entre les affociés, la
partition & formation de lots devra fub-
fifter. Et comme auffi chacun a un égal droit
au choix des lots fubfiftans à concurrence
du nombre de dividens qui lui appartiennent,
ce fera le fort qui décidera à qui tel & tel lot
devra écheoir.

§. DCXLII.

S'il eft péri quelqu'une des chofes appartenantes en propriété à la société, c'est autant qu'il faut déduire des profits que la société peut avoir fait d'un autre côté, & nul des associés ne peut prendre sa part à ces profits qu'après cette déduction faite : *lucrum non dicitur nisi damno deducto.* Il est bien entendu d'ailleurs que les pertes qui seront arrivées ne se seront pas faites par la malice ou par la faute de quelqu'un des associés, qui en ce cas est responsable, ainsi que nous l'avons dit (§. DCXXXVII).

§. DCXLIII.

Ce que l'un des associés a communiqué quant à l'usage seulement, sans en rendre propriétaire la société, ne périt point pour le compte de la société (§. DCXXXV.) Par conséquent celui qui l'avait communiqué, ne peut point prétendre qu'on le releve de cette perte en la déduisant des profits qui sont à partager.

§. DCXLIV.

Les choses apportées en société, qui ne peuvent lui servir qu'autant qu'elle aura le droit de les aliéner ou de les dénaturer, seront censées communiquées quant à la propriété même, & non pas quant à l'usage seulement : si donc elles périssent après cette communication, elles périssent pour le compte de la société, qui en supporte la perte, les déduisant par conséquent des profits qu'elle aura faits d'autre côté, quand il s'agira du partage.

CHAPITRE XLV.

Du contract par lequel on se porte pour répondant de l'obligation d'un tiers, & des contracts qui ont quelque rapport à celui-là.

§. DCXLV.

SI quelqu'un donne ou fait quelque chose à un autre, pour mon compte, & moi le demandant, c'est moi seul qui suis obligé à ce premier à raison de ce qu'il a fait ou donné. Si je me charge de satisfaire auprès d'un autre pour quelqu'un qui m'accepte pour débiteur à la place de cet autre qu'il libere, je suis ce qu'on appelle *pleige*, *expromissor*, & je demeure seul obligé à ce créancier. Si pour engager quelqu'un à en créditer un autre ou à continuer à le créditer, je me fais répondant de la sûreté du crédit de la part du débiteur; je suis ce qu'on appelle *caution* je suis débiteur accessoire, par rapport à l'autre qui est débiteur principal.

§. DCXLVI.

Le débiteur principal ne satisfaisant pas au tems où il le doit, le créancier est dans le cas de regarder le crédit fait à ce débiteur, comme devant être relevé par la caution suivant la promesse de celui-ci : il peut donc s'il le veut, au lieu d'exécuter contre le principal, demander à la caution qu'elle satisfasse

à sa promesse , & exécuter contre elle , qui
est donc à cet égard comme un codébiteur
vis-à-vis du créancier. Il en était ainsi par
l'ancien droit romain , qui a été changé dans
la suite , par l'introduction de ce qu'on nom-
mait le *bénéfice d'ordre* , par lequel , s'il n'y
était renoncé par la caution , le créancier ne
pouvait diriger son action contre elle , qu'après
l'avoir fait sans succès contre le principal débiteur. Ce droit introduit suppose divers arrangemens , qui n'ont pas lieu dans l'état de
nature , hors de la société civile.

§. DCXLVII.

Si je paye comme caution pour le débiteur principal , au terme pour lequel le payement était promis , & auquel j'avais garanti
qu'il se ferait , j'ai d'abord droit de le lui redemander , soit comme agissant du droit du
créancier qui m'en aura fait cession comme
il l'a dû , pour pouvoir me contraindre au
payement , soit comme ayant fait les affaires
du débiteur principal , en faveur de qui j'é-
tais répondant (§. DCX.). J'ai dis-je le droit
de redemander le payement à celui-ci , quand
même le créancier , sans que j'y consentisse ,
se serait engagé envers ce débiteur , à n'exiger ce payement qu'à un terme plus reculé
que celui auquel le débiteur le sachant & le
voulant , j'avais cautionné qu'il se ferait. La
raison de cela est , que le créancier n'a pas
pu , de concert avec le débiteur principal ,
apporter du changement au droit que j'ai
d'exiger mon indemnité du débiteur de qui

j'ai fait les affaires , en cautionnant pour lui , que le payement ſe ferait à tel terme.

§. DCXLVIII.

Ce ſera à ce débiteur à recourir contre le créancier , de ce que celui - ci , en exigeant avant le terme accordé , & au terme pour lequel la caution s'était engagée à découvert , aura mis cette caution dans le cas d'uſer du droit de le contraindre au rembourſement avant le tems qu'il venait de lui accorder. Mais ce principal débiteur n'aura pas un tel recours contre le créancier , ſi , le terme venu , & avant le nouveau terme accordé à ce débiteur par le créancier à l'inſu de la caution , celle-ci contraint ce créancier à recevoir ſon payement pour le redemander ſans délai à la caution. Ce ſera autre choſe , ſi celui qui a cautionné pour quelqu'un à l'inſu de celui-ci , paye avant le terme auquel le créancier eſt en droit d'exiger le payement du débiteur , celui-ci ne pourra être contraint à rembourſer à la caution qu'à ce terme, ſoit que celle-ci voulant l'exiger, agiſſe à titre de géreur , ſoit qu'elle le faſſe comme ceſſionnaire du droit du créancier.

§. DCXLIX.

Si le créancier demeure dans l'inaction après le terme venu , ſans exiger le payement, ni du principal débiteur ni de la caution, celle ci ne peut pas prétendre être libérée, de ce que pendant ce délai , le principal ſera devenu inſolvable. Comme celui ci n'eſt pas libéré par l'inaction du créancier , la caution qui pouvait elle-même être compulsée, n'est pas libérée non plus pour ne l'avoir pas été d'abord : le créancier s'était pourvu contre l'insolvabilité du principal, en demandant une caution ; celle-ci qui était obligée de payer, sans se le faire demander, pouvait prendre aussi ses mesures, & en payant, acquérir le droit de redemander aussi-tôt après le terme venu, & avant que le principal devint insolvable.

§. DCL.

Le bénéfice d'ordre est de quelque influence dans ce dont il s'agit ici. Comme à raison de ce bénéfice, le créancier doit premièrement exécuter contre le principal, avant que de s'adresser à la caution ; le payement étant promis à un tems marqué, si ce créancier laisse passer ce terme, & tarde après à exécuter contre le principal jusqu'à ce que celui-ci se trouve insolvable, il ne pourra plus se replier après coup sur la caution. Mais s'il agit sans retard contre le principal, c'est-à-dire d'abord après le terme venu, le trouvant insolvable, il pourra revenir à la caution, qui est demeurée obligée.

§. DCLI.

Si quelqu'un déclare qu'il ne veut être caution que pendant un certain tems, ce qui est une manière de se réserver le bénéfice d'ordre, alors, si ce tems comprend, au-delà du terme marqué pour le payement, l'espace nécessaire pour exécuter contre le principal,

le terme étant venu , la caution eſt pleinement libérée. Si le tems du cautionnement
ne comprend pas , au-delà du terme , cet eſ-
pace néceſſaire , il y eſt ſuppléé de façon que ,
ſi dans le tems ſuppléé , le créancier faiſant
diligence , trouve le débiteur principal inſolvable , il a droit de revenir à la caution , qui
eſt demeurée obligée. Mais s'il laiſſe paſſer
ce tems ſuppléé ſans agir , ſi agiſſant à tard ,
il trouve ce principal débiteur inſolvable , il
ne pourra plus , pour cela , revenir à la caution.

§. DCLII.

Si deux ou pluſieurs perſonnes , par un
ſeul & même acte , ou d'un commun accord
ont cautionné pour une ſeule & même dette ,
non-ſeulement le payement peut , le terme
étant venu , être demandé contre chacun
d'eux , s'il ne ſe ſont réſervé le bénéfice
d'ordre ; mais de plus , en cas qu'ils ſe ſoient
réſervé ce bénéfice là , le créancier après avoir
exécuté inutilement contre le principal débiteur , peut le faire contre chacun d'eux ſoli-
dairement , comme on le fait contre pluſieurs
codébiteurs (§. CDLXX.) , à moins qu'il
ne ſe ſoient réſervé ce que l'on nomme le *bénéfice de diviſion* , lequel par le nouveau droit
romain , ce qui n'a pas lieu dans l'état de
nature , eſt réſervé de lui-même , ſi l'on n'y
a pas renoncé. Ce bénéfice conſiſte en ce que
le créancier , dans le cas de recours contre
les cautions , eſt obligé de pourſuivre chacune pour ſa quote part au cautionnement ,

ne pouvant demander aux uns la part des autres,
qu'autant que ceux-ci seront trouvés insolvables.

§. DCLIII.

Deux ou plusieurs personnes, qui en se faisant débiteurs d'une seule & même chose, auront dit, que c'est en répondant les uns pour
les parts des autres, *mutua fidejussione*, n'auront pas le bénéfice de division là où le bénéfice
d'ordre ne sera pas attaché à leur qualité de cautionnement mutuel ; mais, là où ce bénéfice
d'ordre est attaché au cautionnement, soit qu'on
l'ait réservé, soit qu'on n'ait pas renoncé à la
loi positive qui l'y attache ; alors, par une conséquence naturelle, ils auront le bénéfice de
division : ce qui ne pourra point avoir lieu,
quand, à leur promesse commune d'une seule
& même chose, ils n'auront pas ajouté, que
c'est *avec mutuel cautionnement* ; ni, à plus forte
raison, s'ils ont dit qu'ils se constituent ensem-
ble débiteurs solidaires, ou à prendre les uns
pour les autres & un seul pour tous.

§. DCLIV.

Dans le cas où l'une des cautions a été
ainsi obligée de payer tant pour sa part que
pour celle des autres, elle a naturellement le
droit de recourir, pour son indemnité, pour
le tout, contre le principal débiteur ; mais,
contre chacune des autres cautions, il a son
recours de la même manière qu'un associé
peut l'avoir contre le corps de la société pour
les dépenses qu'il a faites pour le compte de
cette société ; le cautionnement qu'ils ont

fait enfemble étant une affaire commune à tous, qu'ils ont entendu prendre à leur charge chacun pour des parts égales : il peut donc compulfer la contribution contre eux tous enfemble, de maniere que fi quelques uns d'entre eux font infolvables, les autres avec lui aient à parfaire cette contribution, dont le déficient par l'infolvabilité des uns fera également à la charge de chacun des autres & à la fienne, fans qu'ils perdent rien de leur droit contre ces infolvables.

§. DCLV.

Si le créancier exige le payement de l'une des cautions qui n'auront pas cautionné enfemble, ou par maniere d'affociation un même cautionnement ; mais qui auront cautionné féparément fans s'entendre à ce fujet ; le créancier en ce cas ne fera pas obligé de lui faire ceffion d'action contre les autres cautions; mais feulement contre le débiteur, pour qui feul cette caution là avait répondu, ne fongeant point à rien faire pour quelque autre perfonne. Alors dépourvue de cette ceffion contre ces autres cautions, elle ne pourra pas agir contre elle ; elle ne pourra pas non plus les appeller à contribuer au payement, parce qu'elles ne font entré dans aucun engagement envers elle ; mais feulement envers le créancier, qui par-là avait droit d'exiger d'elles le payement, au lieu de l'exiger de celle-là. D'autre côté auffi, le créancier ayant fait cette ceffion d'action à l'autre de ces cautions contre les autres ; celle-là pourra, du droit du créancier , exiger le payement de l'une d'entre elles, comme le créancier aurait pu le faire lui-même , & par conséquent , non pas seulement pour les faire contribuer au payement, mais pour l'en exiger en entier ; n'y ayant aucune affociation de cautionnement , qui réduife la chofe aux termes d'une contribution.

§. DCLVI.

Aucune de ces cautions compulfée par cette caution ceffionnaire du créancier , n'a droit de fe plaindre des effets d'une telle ceffion , puifqu'auffi il aurait dépendu du créancier de fe relacher du cautionnement de toutes hors d'une de qui il aurait exigé le payement , & qui certainement n'aurait ainfi d'autre recours que contre le créancier , ce qui n'a pas lieu entre cautions affociées au cautionnement : le créancier aurait beau tenir quitte les unes pour s'attacher enfuite à telle qu'il lui plaira, comme il peut le faire (§. DCLII) cela n'empêchera pas que celle ci payant, ne puiffe exiger la contribution des autres en vertu de l'affociation au cautionnement (§. DCLIV.)

§. DCLVII.

Dans le cas où la caution s'eft réfervée ou a retenu le bénéfice d'ordre , & dans le cas auffi où elle ne l'a pas , le créancier quelquefois a voulu avoir une *riere caution* : celle-ci répond de la folidité du crédit , & de la folidité de la caution ; mais le terme de riere aution indique naturellement qu'elle ne peut être obligée à payer, qu'autant que le débiteur principal & la caution auront été compulsés & trouvés insolvables. D'où il paraît, que la caution venant à payer, n'a aucun recours contre la riere caution, ni comme associée au cautionnement du principal débiteur, ni comme cessionnaire des droits du créancier ; ne pouvant à raison de cette cession exiger le payement, que du principal débiteur, ou s'en tenir compte à elle-même, qui à défaut de celui-ci était premiérement obligée à payer.

§. DCLVIII.

La riere caution, selon ce qui est naturellement entendu entre elle & le créancier, est en droit de ne payer à celui-ci, qu'autant qu'il le fera cessionnaire de la dette active contre le principal débiteur & contre la caution ; soit que cette riere caution soit intervenue en cautionnement au su de la caution, soit qu'elle l'ait fait à son insu, & s'entendant seulement avec le créancier.

§. DCLIX.

Cette riere caution peut donc dans l'un & l'autre cas exécuter ce droit cédé, non-seulement contre le principal débiteur, mais aussi contre la caution, qui ne peut pas prétexter que ce riere cautionnement soit intervenu à sa décharge ni en tout ni en partie ; n'ayant été fait que pour augmenter la sûreté du créancier.

§. DCLX.

Il ne faut pas confondre avec le rière cautionnement, dont nous venons de parler, celui qu'un tiers fait, non envers le créancier, mais envers la personne qui cautionne envers celui ci ; promettant à cette personne l'indemnité, pour le cas où elle viendrait à être obligée de payer pour le principal débiteur. L'on comprend bien que cette personne, qui a promis ainsi l'indemnité à la caution de quelqu'un, doit avoir son recours elle-même contre celui-ci, qui est le principal débiteur, pour son indemnité. L'on voit bien aussi, que le créancier n'a point lui-meme de droit d'action contre la personne qui a promis l'indemnité à celui qui a cautionné auprès de lui.

CHAPITRE XLVI.

Du compromis & des arbitres..

§. DCLXI.

Dans l'état civil, les personnes qui sont en différent, ont chacune le droit de ne s'en rapporter à la décision d'aucune autre personne, qu'à celle du juge établi dans la société. Dans l'état de nature, aucune des deux ne peut prétendre que l'autre soit obligée de s'en rapporter à ce qu'en décidera quelqu'un,

s'il n'y a quelque convention pour cela , telle
qu'il s'en fait quelquefois , par laquelle deux
personnes qui ont quelque démêlé , se promettent l'une à l'autre de regarder comme
droit, ce qu'une certaine personne nommée
arbitre dira être droit dans ce différent là.
C'est ce qu'on appelle le *compromis* ; & faire
une telle convention , c'est compromettre
son droit à la décision de quelqu'un , le mettre
en compromis.

§. DCLXII.

Comme dans l'état de société civile , les
parties compromettantes ne peuvent plus, l'une
malgré l'autre réquérir la décision du juge
public ; dans l'état de nature , dès qu'il y a
un compromis , l'une des personnes qui sont
en différent , ne peut poursuivre ni exécuter
contre l'autre le droit qu'elle prétend avoir ,
avant que l'arbitre ait décidé en sa faveur ,
tant qu'il n'est rien survenu qui fasse anéantir
le contract de compromis.

§. DCLXIII.

Si la personne qu'on a d'abord priée pour
arbitre en faisant le compromis, vient à manquer ; si de plusieurs personnes ainsi dési-
gnées par le contract compromis, l'une ou
l'autre vient à manquer , soit pour ne pouvoir , soit pour ne vouloir s'y prêter , le
contract de compromis cesse d'obliger les parties compromettantes , s'il n'y a été pourvu
au défaut de ces arbitres.

§. DCLXIV.

Il en est de même si l'arbitre ou les arbitres, choisis d'un commun accord par les compromettans, après le contract de compromis, & en conséquence de ce contract, viennent à manquer en tout ou en partie.

§. DCLXV.

Mais si l'arbitre nommé par l'un des compromettans, après le contract & en conséquence du compromis, vient à manquer, tandis que l'arbitre nommé par l'autre ne manque point, celui de qui l'arbitre manque ne pourra pas pour cela prétendre que le compromis soit anéanti : il sera obligé de se soumettre à la décision de l'autre arbitre, & de celui qu'il pourra trouver à la place de celui qui lui manque. Il en sera de même s'il n'a nommé de son côté aucun arbitre qui ait accepté la vocation : il ne peut pas sous prétexte qu'il n'en trouve aucun qui accepte, refuser la décision de l'autre : autrement, rien ne serait plus aisé que d'anéantir un compromis à sa volonté & malgré l'autre compromettant, en ne nommant point d'arbitre, ou en n'en nommant que de ceux qui s'entendant avec lui, refuseront de s'y prêter.

§. DCLXVI.

Un compromettant ne sera point obligé de se soumettre à la décision que l'arbitre aura rendue sans l'entendre. Le refus de l'enten-

dre fera au contraire , l'équivalent d'un refus
de se prêter à l'arbitrage ; & ce sera le cas
dont on vient de parler , d'un arbitre qui
vient à manquer , & qui , s'il est du choix
de l'autre compromettant , devra être rem-
placé par les soins de celui-ci , sous peine de
nullité du compromis (§. DCLXIII.); & s'il
est du choix des deux compromettans , rend
par-là le compromis nul , s'il n'a été réservé
qu'à son défaut , il y serait pourvu par un
autre (§. DCLXIII.)

§. DCLXVII.

Un compromettant défendeur ne sera pas
obligé de se tenir à la décision d'un arbitre
qui en adjugeant au demandeur un droit qui
est de la nature des droits acquis , n'indiquera aucun fait qui ait pu être cause de ce
droit là , ou qui n'indiquera ce fait que sur
l'allégation du demandeur , ou d'un tiers dont
le témoignage n'aura pu être pesé & compa-
ré avec celui d'aucun autre avec qui il ait
pu être trouvé consonant , pour faire une
crédibilité suffisante. Le Décemvir Appius
Claudius rendit un jugement tout à fait contraire à la regle du bon procédé , lorsque sur
la seule allégation d'un particulier , il pro-
nonça que Virginie devait le suivre comme
son esclave , en attendant que l'on prouvât
contre ce particulier , qu'elle était de condition libre.

§. DCLXVIII.

De même , un compromettant demandeur

qui aura allégué un fait non contefté ou prou-
vé, qui fert de bafe folide à fa demande,
ne fera pas obligé de fe tenir à la décifion de
l'arbitre, qui nonobftant que ce fait foit tenu
pour vrai & pour légitime fondement de la
demande, libérera le défendeur fur l'exception que celui-ci tirera d'un autre fait que
l'arbitre tiendra pour vrai fur la fimple allégation du défendeur, & fans les preuves
dont on a parlé ci - deffus (§. DCLXVII.).
Telle ferait la décifion d'un arbitre, qui, fur
ce que le dépofitaire dirait avoir rendu le
dépôt, de la réception du quel il ferait d'ailleurs convaincu, le délibérerait de la recherche du propriétaire, en tenant pour vrai,
fans preuve, & fur la parole du dépofitaire,
que le dépôt a été rendu, quand même le propriétaire ne conviendrait pas du fait.

§. DCLXIX.

Enfin on ne fera pas obligé d'admettre
comme décifion en droit, & qui faffe regle
en cette qualité entre les compromettans, le jugement dont l'arbitre n'indiquera pour fondement que de ces chofes qui ne font pas de
nature à mettre quelque différence entre les
hommes quant aux droits qu'ils peuvent
prétendre les uns des autres, ni un jugement
qui imprime plutôt un précepte de vertu,
qu'une regle de droit contentieux. Ce ne fera
donc pas une fentence rendue à forme du
compromis, que celle dont l'arbitre indiquera
pour unique fondement, la richeffe, la puiffance, les qualités du cœur ou de l'efprit de
l'un

l'un des compromettans , le bien que celui-
ci a fait ou pourra faire à l'autre , l'éclat de
sa naiffance &c.

§. DCLXX.

D'ailleurs , dès que l'arbitre , en fuivant
le procédé que nous avons vu qu'il doit tenir , a prononcé & fur des fondemens de droit
contentieux , ou du moins fans en alléguer
de ceux qui puiffent être tels , celui qui n'a
point rejetté lui-même la décifion de l'arbitre ,
peut exiger que l'autre s'y tienne ; & celui-ci
ne peut point , fous prétexte que l'arbitre a
erré dans le fait ou dans le droit , refufer de
fe tenir à la décifion donnée , ainfi qu'il eft
obligé de le faire en vertu du compromis.

§. DCLXXI.

Il y eft dis-je obligé , fi même l'arbitre ,
après avoir fait favoir fa décifion aux deux
parties , voulait la réformer ; à moins que
par le compromis , une telle revifion n'eût
été réfervée.

§. DCLXXII.

Que l'on puiffe être relevé de la décifion
arbitrale , à raifon d'une léfion du tact , ou
de la plus grande partie du droit mis en
compromis , c'eft là un bénéfice qui peut être
l'effet d'une loi pofitive , dans l'état de fociété civile ou de certaines conventions. Hors
de-là , & à ne confidérer les chofes qu'aux
termes de la convention compromiffoire , cette
raifon de léfion n'eft d'aucune valeur.

CHAPITRE XLVII.

Des diverses manieres de se libérer des obliga-
tions contractées.

§. DCLXXIII.

SI en même tems que quelqu'un est ou devient débiteur d'un autre, celui-ci de son côté
le devient d'une chose de différent genre ;
l'un ne peut pas, à raison de cela, se tenir
pour libéré en tout ou en partie envers l'autre,
en le tenant lui-même pour libéré en tout ou
en partie de ce que celui-ci lui devrait, sous
le prétexte d'égalité de valeur des entiers ou
des parties respectives.

§. DCLXXIV.

Autre chose est le droit que l'un a de retenir ce qu'il doit à l'autre, jusqu'à ce que
celui-ci ait fait ou donné ce qu'il est obligé
actuellement de donner ou de faire : droit de
retenue, qui dans l'état de nature est fondé sur
celui que chacun a d'exécuter sur ce qui appartient à son débiteur ; ce qui, dans l'état
de société civile, ne peut se faire que sous
autorité publique.

§. DCLXXV.

Si même les dettes sont de part & d'autre
de choses fungibles & de même genre, celui

dont la dette active n'eſt pas venue au terme marqué pour le payement, ne peut pas ſous prétexte de cette dette, ſe diſpenſer de payer à l'autre de qui la dette active eſt venue à ſon terme de payement.

§. DCLXXVI.

Ce ſerait autre choſe, ſi celui-ci pouvait être raiſonnablement ſuſpecté de ne vouloir ou de ne pouvoir s'acquitter à ſon tour du payement au terme futur, après qu'on lui aurait payé ce dont le terme eſt venu. En ce cas, en tenant compte à cette perſonne de l'intérêt de ce qui lui eſt dû, eu égard à l'intervalle qu'il y a entre les termes différens des deux dettes reſpectives, on pourra en uſer à ſon égard de la maniere que l'on va voir dans l'article ſuivant.

§. DCLXXVII.

Les termes reſpectifs des deux dettes réciproques de choſes fungibles & de même genre entre deux perſonnes étant venus, chacune de ces deux perſonnes de part & d'autre, peut en libérant l'autre ſe tenir pour libérée envers elle pour le tout, ſi les dettes réciproques étaient de la même quantité ; & en lui payant ou en exigeant d'elle la différence, ſelon qu'il eſt plus dû d'un côté que de l'autre, ce qu'il y a d'égal des deux parts eſt ainſi acquitté mutuellement par cette rencontre des deux dettes ; & c'eſt ce qu'on appelle *compenſation.*

§. DCLXXVIII.

Dans l'état de nature, pour être en droit d'opposer de compensation à un créancier qui se fonde sur une cause évidente, il suffit que celle sur quoi l'on fonde sa compensation soit évidente aussi, & sans qu'il soit besoin d'attendre que quelqu'un ait prononcé évidente cette cause, & ait dit que la compensation est admissible. Il en est autrement dans la société civile, où il est quelqu'un qui a droit de prononcer sur cette évidence, & sur l'admissibilité de la compensation, & de donner cours à l'exaction de celui contre qui l'on oppose ce moyen, en renvoyant le débiteur à établir sa contreprétention, pour pouvoir l'exécuter à son tour & en tems & lieu, après qu'elle aura été trouvée légitime.

§. DCLXXIX.

Deux personnes s'étant liées par contract, l'une à faire d'abord, & l'autre à faire ensuite & en conséquence, la premiere a droit de se tenir pour dégagée de son obligation & de sa promesse, dès que l'autre s'est rendue suspecte de perfidie & de fraude.

§. DCLXXX.

En tout état d'obligations réciproques de deux contractans qui se sont proposé une fin commune, la mauvaise foi, la malversation de l'un autorisent l'autre à sortir de cet état là, & font ceffer les obligations où il était à fon égard par ce contract. Il eft même de tels cas, où la faute lourde donne le même droit; mais non pas la faute légere, comme on a eu occafion de le dire plus haut (§. DCXXXVIII)

§. DCLXXXI.

L'état des chofes étant venu à changer au point que l'on ne pourrait fe tenir à la promeffe faite par le contract, fans être expofé à un mal tel qu'en bon fens un contractant n'a pu vouloir en courre le rifque à raifon de la fin du contract; il eft alors en liberté de ne plus fe tenir aux termes de la promeffe (§. DV.) C'eft là le cas de ce qu'on appelle le *défaut originaire de volonté.*

§. DCLXXXII.

Il n'eft pas douteux que fi le créancier a tenu pour reçu & pour fait, ce que fon débiteur était obligé de donner & de faire, celui-ci ne foit libéré; ce qui a pu fe faire par une convention gratuite de la part du créancier, ou par une convention intéreffée de part & d'autre. En ce dernier cas, les chofes en demeureront aux termes d'une telle libération; s'il n'y a d'ailleurs aucune raifon de revenir en tout ou en partie de ce contract là, felon ce qui a été dit au Chapitre des conventions en général.

§. DCLXXXIII.

Si le contract intéreffé, par lequel le créancier libere fon débiteur d'une dette, met à

la place de celle-ci une autre dette différente
à raison de l'objet, ou à raison de la cause,
c'est ce qu'on appelle *novation*, laquelle se fait
sans changer la personne du débiteur, ou en
changeant la personne de celui-ci, à la place
de qui le créancier en accepte un autre qui
se présente lui même, comme dans le cas du
pleige (§. DCXLV.), ou sur qui le débiteur à qui il doit, assigne son créancier.

§. DCLXXXIV.

Quant à mon créancier, je n'ai pas droit
d'assigner malgré lui ce que je lui dois sur mon
débiteur ; mais quant à celui - ci il ne peut
s'opposer à une telle assignation, en tant qu'elle
n'apportera aucun changement à la qualité de
ce qu'il doit & à la nature de la dette ; car les
vœux communs veulent que ces sortes de droits
actifs, ainsi que ceux de la propriété, puissent se transporter d'une personne à l'autre,
pour la facilité du commerce.

§. DCLXXXV.

Si le débiteur sur qui j'ai assigné mon créancier, refuse de reconnaitre la dette, sans que
celui-là ait laissé courir le tems de prescription dont il sera parlé ci-après ; ce créancier
alors a droit de recourir contre moi pour son
indemnité, ainsi que le vendeur a recours
contre l'acheteur, en cas d'éviction. Il en sera
de même, si ce créancier assignataire, agissant
contre mon débiteur sans attendre trop long-
tems, trouve celui-ci insolvable ; mais s'il a
attendu au-delà du tems nécessaire pour exé-

cuter contre ce débiteur, cette infolvabilité n'eft plus à ma charge.

§. DCLXXXVI.

Si quelqu'un obligé de faire une chofe, meurt fans l'avoir faite, ainfi qu'il y était obligé, s'il meurt fans avoir mis ordre à ce que quelqu'un le fit après fa mort, ainfi qu'il y était obligé, comme dans le cas d'une dette dont le payement échet après la mort, le créancier continue à avoir droit d'exécuter fur les biens de cette perfonne, fans que d'autres en faveur de qui elle en aurait difpofé par derniere volonté, puiffent mettre obftacle à cette exécution: beaucoup moins d'autres le pourront-elles, dans l'état même de nature, à titre de premier occupant de ces biens délaiffés par le mourant. Celui donc qui fera reconnu pour héritier, pour fucceffeur à la généralité des droits du défunt, fera celui de qui l'on pourra exiger la dette; & à fon défaut, on pourra le faire de tous ceux à qui il fera parvenu à titre lucratif quelque chofe de la fucceffion, & à concurrence de ce qui lui fera parvenu, au choix du créancier, parce qu'il a un choix égal fur toutes les portions des biens délaiffés; droit, qui dans le cas qu'on vient de propofer, n'eft point éteint par la mort du débiteur, quoiqu'il foit, quant à fa perfonne, fouftrait à toute exaction.

§. DCLXXXVII.

Mais ce que quelqu'un était obligé de

faire aussi long-tems qu'il vivrait ; s'il l'a fait
ainsi qu'il y était obligé , il ne laisse en mourant aucun droit à personne sur ses biens à
raison de cette obligation : sa mort, en ce sens,
y a mis fin.

§.   DCLXXXVIII.

De même, ce qu'on était obligé de faire
ou de donner à certaines époques ou à certaines occasions qui se présenteraient pendant
un certain tems ; si on l'a fait , ainsi qu'on
y était obligé, le tems étant écoulé, l'obligation
cesse. A cet égard & en ce sens , l'écoulement
du tems met fin à l'obligation.

§.   DCLXXXIX.

S'il est entendu par la convention , qu'une
chose ne se fera par l'un des contractans qu'à
la réquisition de l'autre , & que cette réquisition se fera à tel & tel tems , ce tems passé ,
le contractant qui s'était obligé à faire , n'y
est plus obligé. C'est ainsi qu'un corvéable
n'est plus obligé aux corvées de telle & telle
année , que l'on a laissé passer , sans le demander au tems où elles devaient l'être. Le
laps de tems encore en ce sens met fin à l'o-
bligation.

§. DCXC

Mais si la chose qui devait être faite ou
donnée une fois, ou à réitérées fois pendant
un certain tems, ou lorsque le créancier le
réquerrait , comme dans le cas de l'article précédent , ou sans même qu'il ait eu à en faire

la demande, attendu que dans tous les cas qui ne font pas celui-là, le débiteur fait qu'il doit s'éxécuter, *dies interpellat pro homine*; si dis-je, la chofe n'a pas été faite ou donnée, ainfi qu'elle a du l'être, felon ces différentes manieres de devoir, l'obligation alors n'a point pris fin par le laps du tems, à moins qu'il n'ait couru à la mefure de la prefcription, dont il fera parlé ci-apres.

§. DCXCI.

Lorfqu'il a été entendu par le contract, que, ce qui eft promis fe ferait lors feulement que le créancier le demanderait, le débiteur ne peut pas fe libérer de l'obligation, en faifant ou voulant faire malgré le créancier & avant qu'il le demande. C'eft ainfi qu'un corvéable en offrant aujourd'hui la corvée due pour cette année au feigneur, qui ne veut pas qu'elle fe faffe encore, ou en la faifant ainfi malgré celui-ci, n'eft pas affranchi par-là de l'obligation de cette corvée.

§. DCXCII.

Dans le doute fi le terme auquel le payement eft promis, doit s'entendre en faveur du débiteur, de maniere feulement qu'il ne puiffe être contraint à payer qu'à ce terme là, ou s'il doit être entendu que le débiteur ne pourra fe libérer en payant avant ce terme là ; comme fur ce pied le débiteur ferait obligé d'une maniere plus onereufe que fur l'autre pied, & comme dans le doute, il faut fuivre ce qui apporte le moins de changement à l'état de droit, & par conséquent à celui d'une personne qui s'oblige, il s'ensuit qu'il faut, dans le doute, entendre que le terme auquel il est dit que la datte sera payée, est mis là, non pour que le débiteur ne puisse payer avant le terme, mais pour qu'il ne puisse être contraint à payer plutôt. D'ailleurs, s'il n'y a pas de doute que le terme n'ait été mis dans le sens d'empêcher que le débiteur ne puisse se libérer plutôt en payant, il ne pourra point le faire si le créancier ne l'accepte.

§. DCXCIII.

Lorsque le terme ne doit être entendu que pour différer le droit de l'exaction, lorsqu'il n'y a point de terme pour le payement, & point de délai au droit d'exaction, le débiteur est obligé à payer, le terme venu, pour le premier de ces cas ; & aussi tôt que le créancier le voudra, pour le second de ces cas, il peut prévenir le terme & la demande du créancier, &, sur le refus de la part de celui-ci de recevoir le payement, se libérer de l'obligation malgré lui, en consignant la dette en lieu où elle est payable & dont le créancier soit avisé, & où il puisse la prendre ; consignation pour laquelle le débiteur n'est pas obligé, pour la conservation de la chose, de prendre des précautions plus onéreuses pour lui, que ne l'aurait été le payement qui aurait été reçu à forme de contract ; mais de celles qui ne font pas plus onéreuses, il doit préférer la plus sûre : au moyen de quoi la chose une fois confignée ne périclite plus à la charge du débiteur, qui eft libéré par-là de l'obligation.

§. DCXCIV.

Dans l'état de nature, l'on n'eft pas obligé comme on l'eft dans la fociété civile, d'attendre pour faire ces fortes de confignations, l'autorité d'un tiers, ni de fuivre la forme prefcrite par quelqu'un pour les faire, ni de fe foumettre au jugement de quelqu'un fur le fondement de cette confignation, & fur l'effet qui en doit réfulter entre le créancier & le débiteur.

§. DCXCV.

Je ne puis pas me libérer d'une dette, en confignant malgré mon créancier, avant le terme ou le tems avant lequel il eft de fon droit que le payement en libération ne fe faffe point encore, ni en confignant malgré lui, en autre lieu que celui où le payement doit fe faire.

§. DCXCVI.

On ne fe libere pas non plus malgré le créancier, de la partie de ce qu'on lui doit & qui eft tout actuellement exigible, en confignant malgré lui cette partie ; mais s'il a bien voulu la recevoir, on eft libéré d'autant.

§. DCXCVII.

L'offre de payement préfent, & la confignation avec effet de libération, malgré le créancier, peuvent fe faire non-feulement par

le débiteur lui-même ; mais aussi par quelqu'un
en son nom , en tant que le créancier n'a
aucun intérêt fondé sur le contract , à ce que
le débiteur donne & fasse en personne. Ce sera
autre chose si le créancier y a un tel intérêt.
C'est ainsi que dans le cas du fief régulier
& propre , le vassal est obligé de prêter l'hom-
mage à son seigneur , en personne , & non
par un autre , si le seigneur n'y consent.

§. DCXCVIII.

Je suis libéré en payant la personne que
mon créancier aura assignée sur moi ; mais sans
une telle assignation , je ne serai pas libéré
en payant à quelqu'un d'autre qu'à mon créancier , à moins que , payant au créancier de
celui-ci utilement , quelque chose fungible ,
de même genre que celles que je devais à ce
dernier , je n'aie par-là acquis le droit de compensation , en tant que toutes les circonstances d'ailleurs requises pour la compensation ,
se trouveront avoir lieu ; compensation que je
pourrai faire valoir comme cessionnaire de
celui à qui j'aurai payé pour mon créancier
débiteur de celui à qui j'aurai payé.

§. DCXCIX.

Si je dois à deux ou à plusieurs personnes une seule & même chose ; dans le doute ,
si , par le contract , je dois ne payer à l'un
d'entre eux qu'au vu & au su de tous les
autres , ou si je puis le faire sans que ceux-
ci le voient ou le sachent ; étant douteux
à quel d'entre eux le payement doit se faire ,

lors dis je qu'à ces égards le contract & les circonstances n'ont rien de décisif, je puis être libéré en payant à quel d'entre eux que ce soit. C'était aux autres à prendre leurs précautions pour réserver, s'ils le voulaient, que le payement se fit autrement. Quant à moi, je n'entre point en compte de ce que celui à qui je paye, pourra & devra faire pour ce qui concerne les autres, & les droits qu'ils peuvent avoir entre eux sur la chose dont il s'agit.

CHAPITRE XLVIII.

De la prescription, comme maniere d'acquérir des droits autres que celui de la propriété, & aussi d'être libéré d'obligations.

§. DCC.

CElui qui ne peut passer pour avoir ignoré qu'il entrait dans une certaine obligation de faire ou donner quelque chose, quelque long-tems qu'il soit en retard, quelque long-tems que le créancier differe d'exiger de lui la dette, il ne peut à raison de ce retard prétendre être libéré de son obligation ; attendu que par ce retard, le débiteur n'a fait que retenir sciemment & volontairement ce qui appartient à autrui ; ce qui par les vœux communs, ne lui donne aucun droit de prescription.

§. DCCI.

Mais comme à défaut de payement, un créancier a droit d'exécution fur les biens d'un débiteur qui eft mort fans avoir payé, & peut contraindre au payement du tout celui qui eft devenu héritier ou fucceffeur aux droits univerfels du défunt, & agir ainfi à défaut d'héritier, contre ceux à qui il eft parvenu quelque chofe des biens du défunt à titre lucratif, pour en recevoir le payement à concurrence de ce qu'ils ont reçu; fi le créancier, après la mort de fon débiteur tarde long-tems à s'annoncer, il fortifie ces perfonnes dans l'opinion probable qu'elles ne doivent rien à raifon de leur fucceffion, & qu'elles poffédent dégagées de tout droit d'exécution ce qui leur eft parvenu : accoutumées à cette poffeffion paifible & affranchie de toute recherche, elles ont calculé leurs affaires là-deffus, lefquelles pourraient être déconcertées de la maniere la plus défaftreufe, fi en quel tems que ce fût, elles demeuraient expofées aux pourfuites du créancier héréditaire. Voilà donc une forte de prefcription en libération de dette, que les vœux communs veulent qui ait lieu en faveur de ces perfonnes ; mais autant feulement qu'elles n'auront appris l'état des chofes à cet égard, qu'au bout du tems après lequel il n'y aurait plus moyen d'acquitter la dette fans fe mettre dans une condition pire que celle où elles feraient, s'il ne leur fût rien parvenu de la fucceffion.

§. DCCII.

La confidération que l'on vient de faire pour le tems de cette forte de prefcription, le fait varier felon les différens cas ; différence que les loix civiles ont coutume de négliger, en fixant un même tems pour la prefcription de toutes les actions perfonnelles. C'eft ainfi que le Droit Romain l'a faite de trente ans, fans même avoir égard à ce que le débiteur a pu favoir ou ignorer la caufe de l'obligation.

§. DCCIII.

Si quelqu'un, en limitation du droit d'une autre perfonne, avait acquis celui de faire certaines chofes, il perdra ce droit-ci en n'en ufant pas, fi c'eft un droit de la nature de ceux que l'on a continuellement intérêt à exercer fans en laiffer paffer aucune occafion ; les vœux communs le veulent ainfi : tout comme il faut que l'on puiffe une fois enfin compter fur la propriété, il faut auffi par ces mêmes vœux, qu'il y ait lieu de pouvoir compter auffi fur un droit en qualité de droit dégagé des limitations qui lui ôtent de ce qu'il a naturellement. Or on n'y pourrait point compter du tout, s'il n'y avait un tems de prefcription ou affranchiffement de ces limitations là, par exemple, en affranchiffement de leur fervitude.

§. DCCIV.

Cependant fi ce droit qu'un autre a en limitation de ce que le mien emporte natu-

rellement, était de telle nature , qu'il n'y
eût pas toujours intérêt à l'exercer , & qu'au
contraire il pût y avoir intérêt à s'abstenir
long tems de l'exercer, ce qui est le cas des
choses que l'on appelle de pure faculté, *res
meræ facultatis*; alors on ne prendra pas ce
droit-là par cela seul qu'on ne l'aura pas
exercé : autrement ce serait, contre les vœux
communs , d'un droit faire une chose purement onéreuse , qui par conséquent ne serait
plus un droit : il faudra donc pour prescrire
contre un droit de cette espese , que celui qui
prétend en être affranchi , tandis que l'autre
n'en usait pas , y ait opposé des actes con-
tradictoires , qui y mettaient obstacle ; moyennant quoi il y a lieu de dire , à raison du
tems pendant lequel on n'en a pas usé , que
des causes probables dont les traces sont perdues , avaient mis fin à ce droit , & qu'à raison de cela celui qui l'avait , avait cédé aux
obstacles que l'on opposait à son exercice.

§. DCCV.

L'on peut aussi par l'exercice d'un certain
long-tems , acquérir contre quelqu'un le droit
de le contraindre ; ce qui se fait lorsque sur
la demande de quelqu'un faite sans violence,
on fait ce qu'il exige comme de droit. Il faut
aussi par les vœux communs , que ces sortes
de droits acquis ne demeurent pas incertains,
comme ils le seraient, si un long exercice
ne pouvait pas tenir lieu de la preuve des
causes qui ont introduit ce droit, lesquelles
sont très sujettes à se perdre.

(§. DCCVI.)

§. DCCVI.

Il en faut dire autant du droit acquis d'empêcher, ce que naturellement on n'aurait pas droit d'empêcher un autre de faire, par exemple, on acquerra le droit d'empêcher que quelqu'un ne bâtisse même à cinquante pieds de distance de notre bâtiment, & ne nous ôte ainsi la vue d'un côteau, ce qu'on ne pourrait pas faire naturellement : on aura acquis le droit de l'empêcher, en le faisant actuellement sans violence, par des oppositions verbales, auxquelles on aura cédé, & dont on aura ainsi reconnu tacitement le droit, en tant qu'elles auront été faites dans un sens de droit, & les choses en demeurant pendant un certain longtems aux termes d'un tel empêchement.

§. DCCVII.

Il y a plus, si ce que quelqu'un a droit de faire par conséquence naturelle de quelqu'autre droit qu'il ait, est une chose qui ne soit pas de pure faculté, & qu'il y ait au contraire un continuel intérêt à le faire tant qu'on le peut, il suffit que pendant un certain long-tems, quoi qu'on pût le faire, on ne l'ait pas fait, pour que l'on ait perdu ce droit de conséquence naturelle, sans qu'il soit besoin que la personne qui le prétend ainsi, par une raison d'intérêt contraire, y ait ci-devant opposé des obstacles ou y ait mis contradiction.

§. DCCVIII.

Ce que quelqu'un, par une conséquence na-

turelle d'un droit qu'il a, peut m'empêcher
de faire, j'aurai acquis le droit de le faire en
diminution du droit que cette personne peut
avoir, si je l'ai fait ouvertement, & non
par violence ni précairement, pendant un
certain long - tems. C'est ainsi qu'en passant
par le fonds de quelqu'un pour aller au mien
par le plus court chemin & par celui qui
m'est le plus commode, ce qu'il aurait eu
droit de m'empêcher par une conséquence
naturelle de ce qu'il est propriétaire du dit
fonds, j'aurai acquis le droit de continuer
à y passer. &c.

§. DCCIX.

Mais, faire la chose précairement ou clan-
destinement, c'est la faire en homme qui reconnait n'y avoir aucun droit. La faire par
violence, & malgré les oppositions qui y
sont faites, ce n'est pas un moyen légitime
d'acquérir le droit de le faire : l'opposition
au contraire est un obstacle à ce que l'on
puisse se persuader qu'on en reconnait le
droit; persuasion qui est nécessaire pour que
l'exercice du droit en produise enfin l'acquisition au bout d'un long-tems.

CHAPITRE XLIX.

De l'esclavage.

§. DCCX.

NOUS avons vu que d'homme à homme, l'un considéré comme agresseur simplement, & l'autre comme attaqué dans ses droits par le fait malicieux du premier, l'on peut, jusqu'à ce qu'on soit en sûreté de la part de l'agresseur, nuire à celui ci, à la réserve de ses droits essentiels, dans tout ce qui lui appartient ; & que, dès que l'on est en sûreté de sa part, soit que nous l'ayons mis hors d'état de nous nuire, soit qu'il s'en soit mis dehors de lui-même, tout notre droit se réduit à poursuivre à ses dépens le dédommagement de ce qui nous manque par son fait contraire à notre droit ; ce qui peut bien aller jusqu'à exiger de lui par contrainte la généralité de ses travaux à notre utilité, en ne le laissant pas manquer du nécessaire, jusqu'à ce que tout soit acquitté. Mais les vœux communs empêchent que ce droit en pure poursuite de dédommagement, puisse aller jusqu'à disposer de la vie de cette personne, soit directement, soit indirectement par des travaux excessifs & meurtriers ; droit qui ne pourra être transféré à un autre, qu'à concurrence de ce dont le premier avait à poursuivre son dédommagement, & toujours sous la même

réferve. Voilà jufqu'où peut aller , & non
plus loin , le droit de *maître* que quelqu'un, à
titre de pourfuite de dédommagement, peut
avoir acquis fur un autre appellé fon efclave,
contre lequel il n'a plus rien à faire dans la
vue de fe mettre en fûreté contre fes en-
treprifes. Voilà pour ce qui regarde le cas
où quelqu'un devient efclave malgré lui , en
récompenfe de ce qu'il doit à un autre.

§. DCCXI.

Quant à l'efclave conventionnel , ou qu'on
prétend être devenu efclave par convention
faite avec le maître ; loin que les vœux communs foutiennent un contract par lequel le
maître ait le droit de difpofer de la vie &
des membres de fon efclave, comme on dif-
poferait de celle d'un animal dont on eft propriétaire , ils ne permettent pas même que
la nature humaine puiffe s'avilir à un tel point
qu'un homme ait , fans retour , droit de retenir tous les profits des travaux quelcon-
ques d'un autre homme , pendant toute la
vie de celui-ci , & quelques lucratifs pour le
maître que puiffent devenir ces travaux-là.
Moins encore ce maître pourra-t-il acquérir
un droit illimité à tout ce qui pourrait parvenir à cet efclave de la libéralité d'autrui ou
ou par quelque coups heureux de la fortune ,
de maniere que jamais cela ne puiffe appartenir qu'au maître qui n'aura point renoncé à
fon droit fur cet efclave contre qui il ne fera
pas d'ailleurs dans le cas de fe remettre en
fûreté , ou de pourfuivre quelque dédomma-

gement ou le payement de quelqu'autre dette ;
dédommagement & payement dont les effets
ne peuvent pas se porter au-delà de ce qui
est dû, & d'une maniere illimitée , comme
il faudrait le prétendre , pour exercer sur un
homme un droit d'esclavage tel que celui
qu'on vient de dire.

§. DCCXII.

Il n'est pas moins absurde de supposer que
le maitre d'une mere esclave , ait pu acquérir
sur le fruit de celle-ci le même droit qu'il
pouvait avoir sur elle , comme si un tel droit
pouvait être une conséquence d'un droit prétendu de propriété sur le corps de cette femme , semblable à celui que l'on peut avoir
sur un animal ou sur un arbre , & par conséquent sur les fruits qui en sont produits.

§. DCCXIII.

L'enfant qui vient au monde d'une mere
esclave , est d'abord nourri des libéralités de
la nature & des choses qui n'appartiennent
point au maitre en propriété. Quand son
corps a eu besoin d'une nourriture plus solide & de choses qui appartenaient au maitre , il est devenu à raison de ces choses , débiteur de ce maitre , dont le droit par conséquent se réduit à en poursuivre le payement, qu'il peut se procurer des travaux du
nourrisson ; mais qui ne va point à le retenir
pour toujours en esclavage , à acquérir indéfini-
ment tout ce que d'ailleurs ce nourrisson pourrait recevoir de la libéralité d'autrui ou de la

fortune, ou produire d'utilités par ses travaux. Il ne sert à rien de dire, avec l'illustre Grotius, que si l'on eût pu se faire entendre à l'enfant naissant de la servante, il n'eût point manqué de consentir à se faire esclave sur ce pied-là, plutôt que de périr faute de moyens de soutenir sa vie. Ces sortes de raisons tirées de ce que l'on aurait pu raisonnablement vouloir, si l'on se fût expliqué à la personne qui a fait quelque chose pour nous, ne peuvent avoir d'autre effet de droit pour cette personne, que celui de pouvoir exiger tout ce qu'il lui en coûte d'avoir fait pour nous ce qu'elle a fait. Suis-je devenu l'esclave de quelqu'un parce qu'il lui en aura coûté quelque chose pour me sauver la vie ? Sa prétention serait tout-à-fait injuste. Rappellons encore ce qui a été dit plus haut de l'esclavage conventionnel.

§. DCCXIV.

Loin qu'un maître, qui n'aura sur son esclave qu'un droit conventionnel, puisse, en vendant ce droit à un autre, le faire avec effet de l'esclavage illimité dont on vient de parler, il ne pourra pas même transférer à un autre, malgré l'esclavage, le droit conventionnel qu'il a sur celui-ci, à moins que par la convention il ne se fût réservé de la maniere la plus décisive de pouvoir le faire. Une convention de la nature de celle par laquelle un homme se fait l'esclave d'un autre, quand ce n'est pas en réparation de quelque tort, & par le droit que la partie lézée

a de ne cesser de poursuivre l'ennemi jusqu'à
ce que celui-ci soit hors d'état de lui nuire,
ou qu'il ait consenti à se faire son esclave ; une
telle convention dis-je, hors le cas dont on
vient de parler, suppose que celui qui se fait
esclave, a principalement égard au caractere
doux & équitable de celui à qui il se soumet,
ce qui suppose naturellement qu'il ne veut appartenir à nul autre.

<h2 style="text-align:center">§. DCCXV.</h2>

Dans l'état de nature, hors de la société
civile, ce que le maître prescrit à son esclave,
de ce qui est compris sous le droit d'exaction, qu'il a acquis ou par la convention,
ou comme partie lézée, qui contraint son ennemi, sera de droit à la part du maître, &
d'obligation à la part de l'esclave ; mais quant
à savoir si tel & tel prescrit est ou n'est pas
de ceux que le maître peut faire à son esclave, si tel & tel procédé en particulier est
ou n'est pas de ceux que le maître a droit
de tenir envers son esclave, ce n'est à cet
égard ni la décision du maître ni celle de l'esclave qui fera le droit, non plus que la décision d'un tiers, à moins que le maître &
l'esclave n'ayent mis en compromis leur différent à ce sujet.

<h2 style="text-align:center">§. DCCXVI.</h2>

Dans ce même état de nature, hors de la
société civile, ce que le maître exercera de
coactif ou d'afflictif à l'égard de l'esclave, à
cause de quelque action que le maître trou-
N iv

verait mauvaife, ne fera pas tenu pour être
de droit, par cela feul que le maître l'aura
trouvé & fait ainfi, comme il pourrait l'être
dans la fociété civile, où la puiffance publique peut communiquer une partie de fes
droits de décifion en droit & d'exécution,
à quelqu'un de fes membres fur des autres
perfonnes qui relevent de cette puiffance.

CHAPITRE L.

De la fociété conjugale.

§. DCCXVII.

DANS la vue que les pertes que le genre
humain fait fans ceffe par la mort de fes individus fe réparaffent inceffamment, le fage
auteur de la nature a mis dans chacun d'eux,
à l'exception d'un très-petit nombre, un penchant qui tend à unir les deux fexes par le
mariage.

On ne peut fans outrager la nature, par
un renverfement des fins, faire, des organes
deftinés à celle dont on vient de parler, un
moyen de volupté, par des actes détournés
de cette fin là, ou qui ne font pas de l'ordre de ceux par lefquels il y eft pourvu.

§. DCCXVIII.

L'homme naiffant, laiffé à lui-même, ferait
le plus miférable de tous les animaux : il n'en

est aucun dont l'éducation demande pendant
un aussi long-tems des soins plus empressés
& plus assidus, & pour cela il ne faut pas
moins que le concours continuel des deux
causes qui lui ont donné le jour, lesquelles
aussi ne peuvent, en le regardant comme leur
sang, manquer de se sentir attachés à lui par
l'affection la plus forte qui est l'ouvrage de
la nature. C'est donc aussi l'outrager cette
nature, que de jetter comme au hazard un
principe d'homme abandonné au sort d'une
naissance incertaine, ou si elle ne l'est pas,
manquant d'être l'objet d'une éducation qui
eût dû être concertée entre les deux causes
de sa naissance, que ses cris pitoyables ap-
pellent à s'unir inséparablement.

§. DCCXIX.

Etre né d'un pere incertain, c'est être privé
d'une éducation à laquelle ce pere ait pu
être sollicité par la nature à concourir là où
rien ne l'assure que l'on soit de son sang. Aussi
la nature est-elle révoltée par la dissolution
d'une femme qui donne lieu à cette incertitude, & de celui qui s'en rend complice.

§. DCCXX.

Quoiqu'une telle incertitude n'ait pas lieu
dans le cas où plusieurs femmes sont attachées à un homme, cette multiplicité d'at-
taches ne laisse pas d'être contraire à la nature, en thèse générale. La raison en est,
qu'un seul homme ne peut pas prendre avec
chacune des femmes qui lui sont attachées

enfemble, une part égale à l'éducation des enfans qu'il a d'elle, ainfi que l'égalité d'affection du pere & de la mere pour leurs enfans
l'appellerait à le faire. Ajoutons à cela, que
ce partage d'un homme entre deux individus de l'autre fexe, ne répond ni à la complexion de ceux-ci, ni à leur nombre, que
la nature entretient en égalité avec celui des
hommes, ni en degré d'affection qu'il eft néceffaire qu'un pere & une mere ayent l'un
pour l'autre, pour qu'elle tombe avec le plus
de force fur les enfans communs. Dans les
pays où une petite partie des hommes s'empare de l'autre moitié du genre humain, que
de précautions aviliffantes pour les deux fexes
n'eft-on pas forcé à prendre, pour préferver
l'un d'une défaite pour laquelle fans ceffe
on confpire des deux parts. Le fer eft employé à priver les uns des fources de la vie,
& à retenir les autres dans une infame prifon,
où ne puiffent pénétrer ceux que l'on n'a
point pu ne pas épargner. Ces reclufes jouiffent-elles d'un homme qui ne vit point pour
elles, & qui ne les laiffe vivre que pour fes
emportemens? Peut-on donner un autre nom
aux mouvemens qui le portent vers des objets dégradés par fes ordres du rang de l'humanité? Le pénétrant Montefquieu a très
bien obfervé par rapport à ces pays-là en
particulier, que ces emportemens affouvis fur
des objets ainfi avilis, vont enfin fe plonger
dans la région des monftres.

§. DCCXXI.

La nature a lié les afcendans avec leurs defcendans par les fentimens d'un refpect néceffaire à la pureté des mœurs, que ces premiers doivent avec la plus grande application, infpirer aux autres à qui ils ont en même tems à donner les témoignages de l'affection la plus tendre : l'honnêteté naturelle ne fouffre donc point, qu'ils puiffent penfer à changer en celle de mariage la relation qu'ils foutiennent entre eux.

§. DCCXXII.

Ce ferait abandonner au péril de la corruption les freres & les fœurs objet de la même éducation, liés par les épanchemens innocens d'une affection mutuelle, que de permettre qu'ils puiffent les convertir en ceux qui ont rapport à des idées de mariage. Il n'y a eu que l'impoffibilité de porter fes vœux ailleurs, qui ait pu autorifer des nœuds de cette nature, ainfi que la chofe a eu lieu entre les defcendans immédiats du premier couple qu'il y ait eu fur la terre. Tel eft même l'effet de l'honnêteté naturelle, que par une raifon femblable elle n'autorife point à penfer à s'unir entre eux par le mariage, les coufins germains élevés par les foins d'une éducation commune, fous une économie compofée des maifons réunies des freres ou des fœurs, dont les familles ne vivent point féparément.

§. DCCXXIII.

Ce que l'on vient de dire dans les deux
derniers articles, eft fuffifant pour faire comprendre qu'il n'eft pas non plus de l'honnè-
teté naturelle que quelqu'un s'uniffe par mariage à une perfonne qui defcend immédiatement de la tige dont il eft iffu, ni à celle
qu'une telle perfonne a eu en mariage : moins
encor eft-il permis à quelqu'un de s'unir à la
perfonne qui l'a été avec celle de qui il defcend, ou avec celle qui defcend de lui, ou
avec celle qui defcend immédiatement de la
tige dont il eft iffu.

§. DCCXXIV.

Un mariage ignoré des autres laiffe le couple qu'il unit, expofé, plus que s'il était connu, à ce qui eft capable d'en troubler l'union,
& aux autres inconvéniens que nous avons
marqué ci-deffus. Voilà pourquoi auffi, dans
la fociété civile, où il importe que l'ordre
le plus exact foit obfervé par rapport aux familles, il convient de ne point fouffrir que
les mariages foient clandeftins, & de pref-
crire à cet égard une maniere de les rendre
publics par des folemnités, enforte que le
public foit comme garant de la pureté & de
l'inviolabilité de ces nœuds.

§. DCCXXV.

Par ce qui vient d'être dit, on voit que le
mariage eft une fociété perpétuelle entre un
homme & une femme, dont la fin eft la con-

fervation de l'ordre & de l'honnêteté naturelle dans ce qui a rapport au penchant que
les deux fexes ont naturellement l'un pour
l'autre. Il conduit à de mutuels fecours les
plus empreffés & les plus foutenus qu'il puiffe y
avoir d'homme à homme ; il prévient les inconvéniens d'une naiffance incertaine , privée
d'éducation ; & ce qui peut naître de cette
union , laiffé , quant à fa production , au libre cours de la nature , devient l'objet des
foins les plus tendres , qui vont à donner
à la fociété des hommes un membre utile &
heureux , le quel fera l'honneur & la confo-
lation de ceux qui lui auront donné le jour ,
& en auront fait un homme vertueux.

§. DCCXXVI.

Dans une telle fociété , l'un & l'autre affocié a naturellement un droit égal à ce qui
en fait l'objet. Néanmoins , les intérêts même
du fexe le plus faible l'ont dû porter naturellement à reconnaître la fupériorité du plus
courageux & du plus fort , à plier fous fes
volontés , & à ne devoir qu'à la douceur
& aux charmes de la perfuafion , l'avantage
d'obtenir de celui - ci ce que la réfiftance ou
la force n'auraient pu gagner. Par tout les
étnbliffemens civils , pour des raifons calcu-
lées fur des principes d'une politique bien
entendue , ont mis le fceau du droit à cette
fupériorité du mari fur la femme , & déterminé que la volonté de celui-là , toutes chofes d'ailleurs égales , prévaudraient fur celle
de l'autre ; que les enfans prendraient le nom

de leur pere , comme la femme prend celui
du mari ; qu'elle suivrait son domicile & sa
condition &c.

§. DCCXXVII.

Les infidélités de la femme sont , il est vrai,
plus nuisibles à la société conjugale que celles
du mari. Celui-ci néanmoins viole aussi les
droits de son épouse par de furtives amours,
soit qu'il trouble d'autres mariages , soit qu'il
se rende complice de l'impudicité de celle
qui n'a point de mari , soit enfin qu'aban-
donnant celle qui partage sa fortune , il la
jette ainsi dans un état de viduité anticipée
& dans une espece d'opprobre.

§. DCCXXVIII.

La violation des droits essentiels à la société conjugale ; un comportement qui la rend
inutile ou dangereuse ou insupportable à la
personne avec qui l'on est lié ; des accidens
qui font manquer ce qu'il y a d'essentiel à
une telle société : ce sont là les causes qui
paraissent autoriser à se regarder comme n'é-
tant plus lié à y demeurer. Ce remede est
plus fâcheux, il est vrai, pour la femme qui
se sépare, qu'il ne l'est pour le mari qui veut
se dégager d'une femme dont il a droit de
se plaindre ; mais ce n'est pas à dire qu'à
cet égard la femme n'ait un droit pareil à
celui du mari : plus il en coûte de rompre des
chaînes qu'on est porté à regretter , plus il
est juste qu'on ait la liberté de le faire ; cette

répugnance est une bonne preuve que l'on n'a que de très-fortes raisons à y opposer.

§. DCCXXIX.

Dans l'état de nature, il suffit à celui des époux qui est dans le cas de se séparer, que la cause en soit évidente : il n'est pas obligé d'attendre que quelqu'un l'ait prononcée telle, & ait dit qu'elle a le degré de suffisance pour autoriser cette séparation. Dans l'état civil, il y a quelqu'un dont il faut attendre le jugement : la société civile y a un trop grand intérêt, pour qu'une démarche de cette importance soit laissée à la liberté des particuliers, si même cette séparation était consentie de part & d'autre.

CHAPITRE LI.

Du droit des parens sur les enfans, & des obligations réciproques des uns aux autres.

§. DCCXXX.

A Considérer les choses par la relation que les peres & les meres soutiennent avec leurs enfans, par les sentimens naturels qui attachent ceux là à ces chers objets de leur affection, il est évident que chacun a droit d'élever les enfans auxquels il a donné le jour, de les mettre en état de pouvoir un jour travailler par eux - mêmes à leur propre per-

fection , d'être utile à eux-mêmes & à la fociété des hommes : j'entends qu'à cet égard
on ne dépend nullement de la volonté d'un
autre homme quel qu'il foit, qui , pour s'ingérer malgré nous dans cette éducation ou
pour mettre obftacle à celle que nous leur
donnons , n'aura d'autres raifons que fa bonne
volonté , fes lumieres fupérieures , fes bienfaits & autres raifons pareilles dont nous
avons parlé au chapitre XVI , lefquelles ne
fondent aucune prétention en droit acquis ,
en diminution de ceux d'un autre homme.

§. DCCXXXI.

Celui qui a recueilli un enfant , a plus de
droit à fon éducation que ceux qui après lui
avoir donné le jour ont étouffé les fentimens
naturels au point de l'expofer ou de l'abandonner.

§. DCCXXXII.

Si un pere ou une mere , qui ne foutien-
draient d'ailleurs aucune autre relation que
celle-là avec leur enfant , en viennent à fon
égard à des actes dangereux pour fa vie ou
pour fes membres ; comme ces fortes d'actes
ne font pas relatifs à la fin de l'éducation à
laquelle les parens ont droit , tout homme ,
dans l'état de nature , a droit de défendre
l'enfant , de s'oppofer à de telles violences ,
& même de le fouftraire à la puiffance d'un
pere & d'une mere qui ufent fi mal du droit
qu'ils avaient de l'élever.

(§. DCCXXXIII.)

§. DCCXXXIII.

Lorsque l'éducation est finie, si les enfans continuent à demeurer attachés à leurs parens dans l'économie de la famille dont ceux-ci sont les chefs, ils composent avec eux une société sous la direction de ces chefs, à qui il est entendu naturellement que ces enfans demeurent soumis tant qu'ils sont membres de cette société, de laquelle, par les établissemens civils de plusieurs nations, le pere de famille est, à proprement parler, l'unique chef, au pouvoir duquel celui de la mere sur les enfans est subordonné.

§. DCCXXXIV.

La qualité de pere, de chef d'une famille, n'emporte pas par elle-même qu'il ait droit d'en venir contre ses enfans à des actes nuisibles à leur vie ou à leurs membres; un tel droit n'étant nécessaire ni pour l'éducation ni pour la fin de la société de famille dont le pere & la mere sont les chefs. D'autre part la qualité de pere n'exclut pas non plus le droit que le pere, en tant qu'homme, dans l'état de nature, peut avoir ainsi que tout autre, de se défendre contre les injustices & les violences d'un des membres de la famille, & de prendre parti pour ceux qui feraient les objets de ces violences. Mais l'on voit bien que ce n'est pas là ce qu'on appelle le *droit de vie & de mort*, ou la jurisdiction criminelle & capitale, qui est telle, que ce qui est prononcé par la personne qui l'a, est & doit être tenu pour droit, en

tant qu'il l'a fait en obfervant des formes établies. Si la qualité de pere n'empêche point que
quelqu'un n'ait pu acquérir un droit tel que
celui-là fur fes enfans, ainfi que les fouverains
le peuvent avoir dans des royaumes qui ne
font pas libres, cette qualité là ne le donne pas
non plus.

§. DCCXXXV.

Par les établiffemens civils de quelques peuples, les profits des travaux de la mere de
famille avec ceux des travaux des enfans, compris fous la même économie, appartiennent
au pere, à la charge de leur laiffer parvenir
une certaine portion de fa fucceffion. Dans
l'état de nature les produits de ces travaux là
appartiennent également au pere & à la mere ;
comme en recompenfe de ce qu'il leur en a
coûté de les élever, & de ce que, dans l'économie de la famille, ils jouiffent de la prof-
périté de la maifon, laquelle ne manquera
pas de les regarder toute entiere apres la
mort des chefs, dont il leur eft fi facile de
conferver la plus tendre propenfion par des
égards & des refpects que la nature follicite fi
puiffamment.

§. DCCXXXVI.

Le droit qu'ont le pere & la mere de pourvoir à l'éducation de leurs enfans, comprend
naturellement celui d'adminiftrer les biens que
ceux-ci peuvent avoir, & même d'employer
ces biens à ce qu'ils jugent néceffaire pour
leur meilleure éducation ; leurs obligations ne

pouvant quant au droit extérieur ; s'étendre à quelque chose de plus que de suppléer à leurs besoins & d'y subvenir de leurs propres biens, à l'égard des enfans qui en seraient dépourvus ; quoiqu'il soit vrai, qu'une affection tendre & éclairée ne s'en tienne pas là. A cet égard le droit des parens sur les biens de leurs enfans peut être diversement limité par les regles établies dans les différentes sociétés civiles.

§. DCCXXXVII.

Un fils en état de se passer de vivre sous l'économie paternelle, doit sans doute, autant qu'il le peut, déférer aux desirs d'un pere & d'une mere qui cherchent à l'y retenir. C'est-là sans doute un devoir bien respectable ; mais c'en est un de pure vertu, & auquel le pere dans l'état de nature ne peut le contraindre, ainsi que par le droit romain il pouvait le faire en retenant le fils sous sa puissance paternelle aussi long-tems que l'un & l'autre étaient en vie. Ailleurs on voit la durée de la puissance paternelle déterminée par un certain âge du fils.

§. DCCXXXVIII.

Le droit Romain déclarait nul tout mariage que le fils de famille faisait sans le consentement de son pere. Il n'en est pas ainsi par le droit naturel tout seul, ou dans l'état de nature. Quoique par ce droit, un fils ne puisse pas malgré son pere & sans son consentément, introduire avec lui dans la maison & dans l'économie paternelle une étrangère en qualité de femme ; quoique dans cet état même de na-

ture, il foit indigne de la vertu d'un fils bien
né d'entrer, contre l'avis de fon pere ou fans
fa participation, dans une affaire de cette importance ; fi même il ne prétend point introduire dans la maifon paternelle l'époufe dont
il fait choix ; cependant le pere n'a pas le droit
d'empêcher abfolument que le fils ne fe pour-
voye à cet égard comme il l'entend. Ce fera
autre chofe, fi à la qualité de pere fe joint
quelqu'autre relation, comme celle de fouve-
rain, à raifon de la quelle il faudra que le
fils, fujet de fon pere, foit à cet égard dans
une plus grande dépendance. D'ailleurs, c'eft
une bonne & fage loi civile, que celle qui fait
dépendre la validité du mariage du fils de famille, du confentement & de l'approbation
paternelle, du moins tant que le fils n'aura
pas atteint un certain âge, & qui même oblige
en tout tems le fils, à des démarches de refpect envers fon pere lorfqu'il penfe à fe marier. Ce qui eft d'autant plus raifonnable, que
par ces mêmes loix civiles, le pere eft obligé
de laiffer une certaine portion de fes biens à
des enfans qui ne fe trouvent pas dans le
cas d'avoir mérité l'exhérédation par quelqu'une
des caufes déterminées par ces loix.

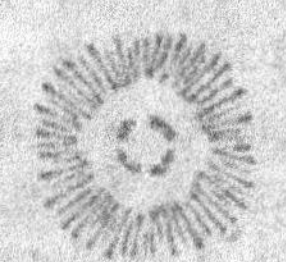

CHAPITRE LII.

Des domestiques mercenaires.

§. DCCXXXIX.

L'ON trouve compris sous la direction des chefs de famille, outre leurs enfans, & sous une relation moins étroite que ces derniers, les domestiques mercenaires; lesquels diffèrent totalement des esclaves dont nous avons parlé au Chapitre XLIX. Ce sont des personnes qui vivent du pain de la maison à laquelle ils sont attachés, & qui outre cela, quelquefois, retirent du maître un supplément de salaire, pour les travaux & vacations domestiques auxquelles ils se sont engagés pour un tems déterminé, à la charge d'y satisfaire selon ce que le maître en ordonnera suivant les circonstances.

§. DCCXL.

Un tel contract suppose d'un côté une certaine supériorité de la part du maître sur le domestique, à qui il a à donner les ordres qui concernent le train de l'économie domestique; d'autre côté il suppose une relation d'affection mutuelle, sans laquelle aucune supériorité ne peut être exercée à l'avantage de celui qui l'a & de celui sur qui elle s'exerce, ni d'une maniere assortie à la fin de cette supériorité.

§. DCCXLI.

Elle est fondée cette supériorité, sur ce que le domestique ayant à recevoir fréquemment des ordres relatifs à son emploi, le ton d'égalité avec lequel il contesterait sur ce qu'il y aurait à faire ou à ne pas faire, ferait un contraste choquant avec la soumission dans laquelle les autres membres de la société domestique, tels que les enfans, doivent demeurer envers les chefs.

§. DCCXLII.

Elle emporte cette supériorité, un droit d'inspection sur les mœurs du domestique mercenaire; leur déréglement ne pouvant qu'être de la plus grande influence sur ses devoirs de domestique, & ne pouvant même manquer d'en avoir beaucoup sur les mœurs des membres les plus chers aux chefs de la maison. La relation d'affection ne permet pas non plus que ces chefs regardent avec indifférence une partie si essentielle au bonheur de ces mêmes domestiques.

§. DCCXLIII.

Si ceux-ci se rendent désobéissans; s'ils sont indociles au corrections que le maître leur adresse, celui-ci est en droit de les expulser de sa maison; & il ne leur fait aucune injustice, s'il les châtie modérément pour leur correction, & d'une manière qui ne mette en danger ni leur vie ni leurs membres; n'étant point requis pour la fin du contract, que les choses puissent être poussées plus loin que ce qu'on vient de dire. D'ailleurs, dans l'état de nature, si le maître n'est pas dédommagé ou mis à l'abri de toute souffrance de la part de son domestique par son expulsion, il aura, en tant qu'homme lésé ou attaqué, tous les droits dont nous avons parlé dans les Chapitres XX & XXI, pour pouvoir les exécuter par lui-même ; ce qui ne peut avoir lieu dans l'état civil de la part d'un maître qui n'aura pas la puissance civile, ou à qui il n'en aura pas été donné le pouvoir par les établissemens de la société : il devra donc, pour tout ce qui passe le droit d'un châtiment modéré & innocent, se pourvoir auprès de la personne qui est revêtue d'autorité publique.

§. DCCXLIV.

La saine politique semble demander que dans les sociétés civiles, ce droit de correction innocente soit laissé aux maîtres sur leurs domestiques mercenaires, comme on le laisse aux pères sur leurs enfans. Cette partie de citoyens se ressentant souvent quant aux mœurs, de la bassesse de sa condition, a besoin d'être retenue par une autorité domestique, dont les détails ne peuvent guere faire l'occupation d'une personne publique ; ce qui fait qu'à défaut de cette puissance domestique sur ces personnes, la société civile se remplit de citoyens indociles & de mauvaises mœurs. Cependant on voit des sociétés où les citoyens sont jaloux de ce qui fait entr'eux l'égalité, au point de ne souffrir aucune espece d'acte coactif ou réprimant des maîtres sur leurs domestiques, ne laiſſant à ceux-là que la liberté de l'expulſion.

§.   DCCXLV.

La relation d'affection emporte, qu'un maître doit avoir ſoin de ce qui concerne le corps de ſon domeſtique, non ſeulement durant la ſanté ; mais encore durant la maladie, dont il eſt obligé de le ſoulager à ſes dépens. Si cependant la maladie de ce domeſtique le rendait inutile pendant un tems qui paſſerait les bornes ordinaires des variations de ſervice ceſſant & de ſervice actif, il n'y a que la généroſité qui oblige le maître à prendre patience, & à ne pas mettre hors de chez lui un domeſtique qui a le malheur de ne pouvoir continuer à lui être utile : il ſera même obligé de le faire, ſi ce domeſtique avait vieilli ou conſumé ſes forces à ſon ſervice où il n'aurait pas pu amaſſer de quoi ſe ſoutenir pour le tems qui lui reſte encore à vivre.

§.   DCCXLVI.

Le domeſtique, ainſi que celui qui pour un ſalaire, fait les affaires d'autrui (§. DCIII.) eſt obligé d'apporter à celles de ſon maître, ſelon la commiſſion qu'il lui en donne, la diligence du moyen ordre, à défaut de la quelle, ce domeſtique eſt rendu reſponſable des pertes qui arrivent dans ces affaires là.

FIN de la première Partie.

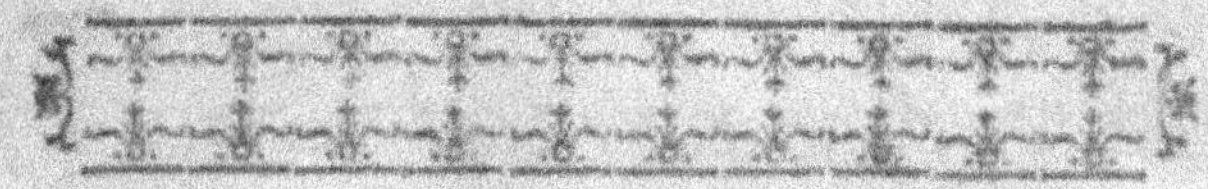

TABLE

DES CHAPITRES DU DROIT NATUREL
CONTENUS DANS CE VOLUME.

CHAPITRES.   pag.

XXV. *DE l'usage & de l'abus de la parole quant au droit* 5

XXVI. *Du serment* 12

XXVII. *Continuation sur les droits acquis, & en second lieu, sur la propriété originaire* 18

XXVIII. *De la propriété dérivative, acquise tant par disposition entre vifs, que par celle de derniere volonté* 31

XXIX. *De la possession considérée avec ou sans la propriété* 47

XXX. *De la prescription emportant propriété.* 55

XXXI. *Des droits attachés à la propriété, de leurs limites naturelles, & de celles dans lesquelles on peut les resserrer dans la suite* 59

XXXII. *De la convention en général, comme moyen d'acquérir des droits, ou d'apporter des changemens aux droits respectifs des hommes* 66

CHAPITRES.   pag.

XXXIII. *Des conditions sous lesquelles on fait des conventions* 80

XXXIV. *De la convention faite au nom d'un tiers* 84

XXXV. *Des regles d'interprétations* . . 90

XXXVI. *De la valeur & du prix des choses* 102

XXXVII. *Des contracts par lesquels, sans transporter la propriété d'une chose, l'on accorde à quelqu'un quelque droit sur cette chose, & en particulier par la servitude* 109

XXXVIII. *Du gage & de l'hypothèque* . 112

XXXIX. *Du précaire, du prêt à usage gratuit, & de celui qui est intéressé & connu sous le nom de location* 116

XL. *Du prêt à consomption gratuit, & de celui qui est sans intérêt* . . . 125

XLI. *Du contract avec transport de propriété, tel que l'achat & la vente, l'échange & autres qui y ont rapport* 131

XLII. *Des contracts portans obligation de faire, de soigner, de gérer les affaires de quelqu'un, & de leurs différentes especes* 142

XLIII. *Applitation des principes précédens au dépôt, soit gratuit soit intéressé* . 140

XLIV. *Du contract de société tant universelle ou générale, que spéciale* . 145

XLV. *Du contract par lequel on se porte pour répondant de l'obligation d'un tiers, & des contracts qui ont quelque rapport à celui-là* 153

CHAPITRES.   pag.

XLVI. *Du compromis & des arbitres* . 162
XLVII. *Des diverses manieres de se libé-*
rer des obligations contractées . . 168
XLVIII. *De la prescription, comme ma-*
niere d'acquérir des droits autres que
celui de la propriété 179
XLIX. *De l'esclavage* 185
L. *De la société conjugale* 190
LI. *Du droit des parens sur les enfans, &*
des obligations réciproques des uns
aux autres 197
LII. *Des domestiques mercenaires* . . . 213

Fin de la Table de la premiere Partie
& du second Volume.

www.ingramcontent.com/pod-product-compliance
Lightning Source LLC
LaVergne TN
LVHW010209070726
842528LV00014B/578